세상의 속도를
따라잡고 싶다면

클론 코딩 시리즈 ①

노마드 코더 니꼴라스와 만드는 **진짜 리액트 앱**

클론 코딩

영화 평점 웹서비스

웹 개발을 처음 하는 사람도 **빠르고 재미있게!**

#자바스크립트 #리액트 #영화 API #깃허브

노마드 코더 니꼴라스·김형태 지음

이지스퍼블리싱

세상의 속도를 따라잡고 싶다면 **Do it!**
변화의 속도를 즐기게 될 것입니다.

Do it!

노마드 코더 니꼴라스와 만드는 진짜 리액트 앱

클론 코딩 영화 평점 웹서비스

초판 1쇄 발행 • 2020년 05월 19일
초판 2쇄 발행 • 2020년 06월 30일

지은이 • 니꼴라스, 김형태
펴낸이 • 이지연
펴낸곳 • 이지스퍼블리싱(주)
출판사 등록번호 • 제313-2010-123호
주소 • 서울특별시 마포구 잔다리로 109 이지스빌딩 4층(우편번호 04003)
대표전화 • 02-325-1722 / 팩스 • 02-326-1723
홈페이지 • www.easyspub.co.kr / 이메일 • service@easyspub.co.kr
기획 및 책임 편집 • 박현규 / 표지 및 내지 디자인 • 트인글터, 정우영 / 본문 전산편집 • 트인글터
교정교열 • 박명희 / 마케팅 • 박정현 / 인쇄 및 제본 • 보광문화사
알파테스터 • 이보라 / 베타테스터 • 김준혁, 염혜림, 박현규
독자지원 • 오경신 / 영업 및 강의자료 PPT 문의 • 이주동(nlrose@easyspub.co.kr)

ISBN 979-11-6303-163-5 13000
가격 16,000원

"코딩은 진짜를
만들어 보는 거야."

노마드 코더
Nomad Coders

클론 코딩으로 진짜 앱을 만들어 보세요!

개발자가 되는 가장 빠른 방법!

안녕? 나는 니꼴라스야. 이 책을 손에 든 독자 여러분 모두 모두 환영해. 한국말이 조금 서툴러서 반말로 할 텐데 이해해 주길 바랄게. **이 강의를 만든 이유는 딱 하나야. 내가 생각하는 개발자가 되는 가장 빠른 방법은 '클론 코딩'이기 때문이지.** 그래. 프로그래밍에 입문하면 대부분 이론 공부를 하게 될 거야. 하지만 이론 공부를 통해 배운 내용은 머리에 잘 남지 않아. 진짜 지루하기도 하고! **그렇다면 클론 코딩은 어떨까? 나에게 익숙하고, 유용하고, 아름다운 앱이나 서비스를 만드니까 배운 내용이 기억에 오래 남고 절대 지루하지 않아.** 혹시 평소에 만들고 싶었던 앱이 있었어? 이 책에서는 클론 코딩으로 영화 앱을 만들어. 이 앱을 조금만 응용하면 평소에 만들고 싶었던 앱을 금방 완성할 수 있을 거야. 클론 코딩의 효과가 궁금해? 그러면 당장 이 책으로 시작해 봐. 후회하지 않을 거야.

— **니꼴라스**(Nicolás Serrano Arévalo)

웹 개발이 처음인 사람에게 가장 효과적인 학습 방식!

안녕하세요. 저는 이 책에서 '킴조교'로 등장하는 김형태라고 합니다. 프런트엔드 개발 분야에서 '리액트'가 대세인 것은 모두 알고 있는 사실입니다. 인터넷을 조금만 찾아보면 리액트를 학습하기 위한 좋은 콘텐츠가 많지요. 하지만 웹 개발이 처음이라면 아무리 좋은 강의 콘텐츠라도 '자바스크립트와 웹 기초를 알아야 한다'는 일종의 학습 장벽에 가로막혀 리액트를 간단히 살펴보는 것조차도 부담스러울 것입니다. 이 책은 그런 지점을 클론 코딩이라는 학습 방법으로 해결했습니다. **클론 코딩은 '나에게 익숙한 서비스를 그대로 복제하는 방식'으로 공부하지요. 그 덕분에 학습자는 기술을 재미있게, 실전처럼 배울 수 있습니다.** 이게 바로 클론 코딩의 장점이지요.
노마드 코더의 강의를 책으로 만드는 과정은 정말 즐거운 경험이었습니다. 또한 동영상 강의에서 표현하기 어려운 설명이나 팁을 책에 담을 수 있어서 좋았습니다. 이 책은 리액트의 기본을 쉽게 익히는 데 목표를 두고 영화 앱을 클론 코딩합니다. 그래서 이 책을 다 읽으면 리액트를 본격적으로 시작할 수 있는 기초를 탄탄히 쌓을 수 있을 것입니다. 이 책을 통해 리액트를 처음 시작하는 분들의 첫걸음이 더욱 가벼워지면 좋겠습니다. 감사합니다.

— **김형태**

실제 서비스를 만드는 클론 코딩!
리액트로 무엇을 어떻게 만드는지 알 수 있어요!

안녕하세요, 두잇 독자 여러분? 저는 '모던 JavaScript 튜토리얼 한국 사이트'를 운영하는 이보라라고 합니다. 코딩하기 좋은 시절입니다. 양질의 학습 자료를 인터넷에서 무료로 볼 수 있는 것은 물론이고, 개발자의 공유 문화가 활발해져서 누구나 쉽게 프로그램을 만들 수 있으니까요. 하지만 여전히 "그래요. 인터넷에 자료는 많아요. 그런데 제가 이 기술로 무엇을 할 수 있죠?" 또는 "무엇을 배워야 제가 원하는 것을 만들 수 있을까요?"라고 질문하는 프로그래밍 입문자가 많습니다. 왜 그럴까요? 많은 개발자가 이 질문에 이렇게 대답하기 때문입니다.

> "안드로이드 앱을 만들고 싶다면 자바 또는 코틀린을,
> 아이폰 앱을 만들고 싶다면 스위프트를..."

이런 답변을 들은 프로그래밍 입문자는 '나는 무엇을 만들고 싶은지도 모르겠는데... 배워야 할 내용은 산더미구나'라고 생각하기 쉽습니다. 결국 코딩 공부를 포기하는 마음이 한구석에서 올라오지요. 혹시 여러분이 이런 상황이였나요? 그렇다면 클론 코딩 방식으로 공부해 보세요. **클론 코딩은 내가 보고, 듣고, 사용하던 실제 서비스를 비슷하게 만들면서 프로그래밍을 공부하는 방식을 말합니다. 그래서 자연히 내가 배우고 있는 기술이 어디에, 어떻게 쓰이는지 명확하게 알 수 있지요. 코딩에 대한 흥미는 덤이고요.**

이 책을 통해 개발자의 첫걸음을 뗀 여러분! 축하합니다. 다음에 만들고 싶은 것은 무엇인가요? 이미 한 번 만들어 봤으니 분명 다음 것도 쉽게 만들 수 있을 거예요. 개발자의 긴 여정을 떠날 여러분의 앞날을 응원합니다!

— **이보라**(aka. Bora Violet Lee, 모던 Javascript 튜토리얼 한국 사이트 운영자)

웹 디자이너도 문과생도 쉽게 따라 할 수 있어요!

안녕하세요? 저는 니꼴라스와 함께 노마드 코더를 운영하는 린입니다. **클론 코딩은 앱 또는 서비스를 한 땀 한 땀 따라 만들면서 배우는 효과적인 프로그래밍 학습 방법입니다.** 어떻게 그렇게 확신할 수 있느냐고요? 문과생인 제가 이 방법으로 프로그래밍에 쉽게 입문했기 때문입니다. 아마 이 책을 다 읽으면 리액트로 만든 영화 앱 포트폴리오를 손에 쥘 수 있을 것입니다. 지금 당장 써먹을 수 있는 핵심, 진짜 알맹이만 골라 담은 책이라고 자부합니다. 지금 클론 코딩 로켓에 올라타시죠!

— **린**(Lynn, 노마드 코더 공동 운영자)

이 책으로 우리도 영화 앱을 만들었어요!

이 책은 베타 테스터 3명이 미리 읽어 더 좋게 만들었습니다. 물론 클론 코딩을 직접 체험해 보기도 했는데요. 어떤 분은 클론 코딩으로 만든 영화 앱을 좀 더 멋지게 만들기까지 했답니다. 이 책으로 클론 코딩을 해 본 베타 테스터의 소감을 들어 볼까요?

수의사가 만든 마플릭스! — 김준혁 님

안녕하세요! 이 책의 베타 테스터 김준혁입니다. **이 책은 HTML, CSS, 자바스크립트를 잘 몰라도 따라하기만 하면 영화 앱을 마법처럼 뚝딱 만들 수 있게 해줍니다.** 저를 믿으세요. 저도 이 책으로 마플릭스(Maflix)를 만들었으니까요. 이 책을 따라 영화 앱을 만들다 보면 '나도 리액트로 앱을 개발할 수 있겠다'는 무한한 자신감을 얻을 수 있을 것입니다.

웹 개발 초보인 제가 마플릭스를 만들 수 있었던 이유는 이 책 덕분이라 생각해요. 이 책은 저에게 '웹 개발 로켓 발사대'의 역할을 해준 것 같습니다. 여러분도 분명 더 멋진 앱을 만들 수 있을 것입니다! 파이팅!

마플릭스 영화 앱 주소: junchi86.github.io/max/

리액트 쫄보가 만든 영화 앱! — 염혜림 님

안녕하세요. 베타 테스터 염혜림입니다. 저는 이 책을 통해 "완성하는 것이 완벽한 것보다 더 좋다(Done is better than perfect)"라는 말의 참뜻을 체험할 수 있었습니다. 사실 저는 '공부를 하려면 제대로 해야지' 라고 생각하는 전형적인 학습 완벽주의자거든요. 새로운 영역을 도전해서 배우는 걸 겁내는 학습 쫄보이기도 하고요. 그러다 보니 '리액트를 언젠가는 공부해야지' 라는 생각만 했을 뿐 정작 한번도 시도하지 못했습니다. 하지만 이 책은 그런 저를 한걸음씩 발을 떼서 영화 앱을 만들 수 있게 해주고, 리액트에 입문할 수 있게 해주었습니다. **실제로 영화 앱을 만들고 나니 '아! 나는 여기를 좀 더 공부하면 다른 앱도 금방 만들 수 있겠다' 라는 자신감이 생겼습니다.** 클론 코딩으로 리액트를 공부할 수 있게 해준 이 책을 만난 덕분이라 생각합니다. 여러분도 저와 같은 경험을 해보길 바랍니다! 다들 행코하세요! :)

염혜림 님이 만든 영화 앱 주소: pickyham.github.io/reactMvApp2020/

편집자도 만들었습니다! — 편집자P

저도 이 책을 읽으면서 영화 앱을 만들어 보았습니다. **액션을 따라가며 영화 앱이 완성되는 과정을 체험하니 자연스럽게 리액트에 대한 자신감과 흥미를 갖게 되었어요.** 리액트로 무엇을 할 수 있는지 명확하게 알게 된 점도 무척 좋았습니다. 앱을 만드는 과정도 즐거웠고요. 깃허브 배포를 통해 내가 만든 영화 앱을 자랑할 수 있다는 점도 좋았습니다. PC와 모바일에 최적화된 앱을 처음 만들어 봤는데 정말 뿌듯했어요.

편집자P가 만든 영화 앱 주소: canine89.github.io/movie_app_2020/

클론 코딩 로켓을 타고 리액트를 향해 떠나볼까요?

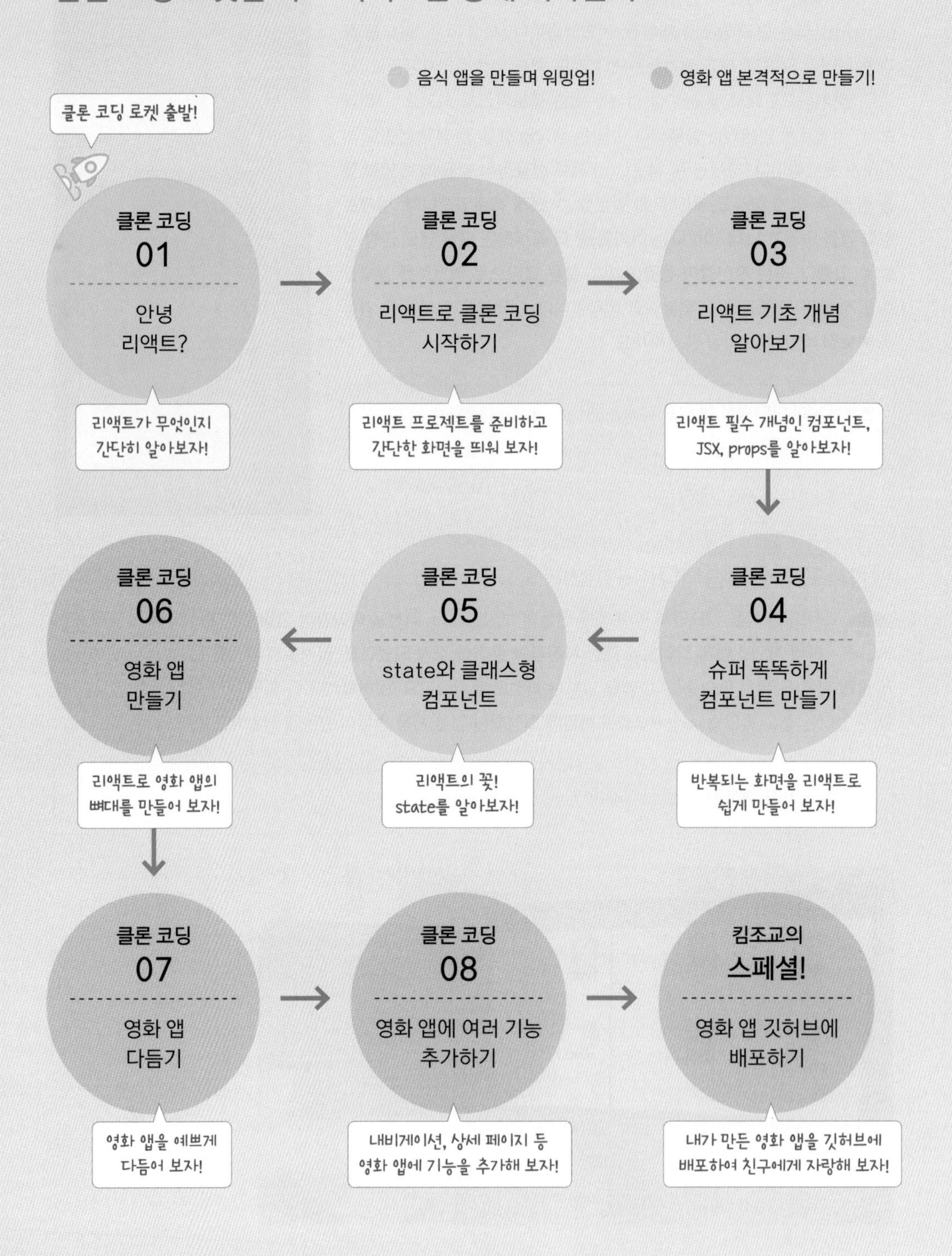

하나, 액션만 따라 해도 영화 앱이 후다닥!

이 책은 '영화 앱을 클론 코딩하는 것'을 목표로 합니다. 그렇기 때문에 여러분이 따라 해야 할 작업은 모두 '액션'으로 정리되어 있습니다. 공부를 모두 마친 다음에는 액션을 빠르게 복습하거나 다른 앱을 만들 때 참고하는 용도로 사용해 보세요.

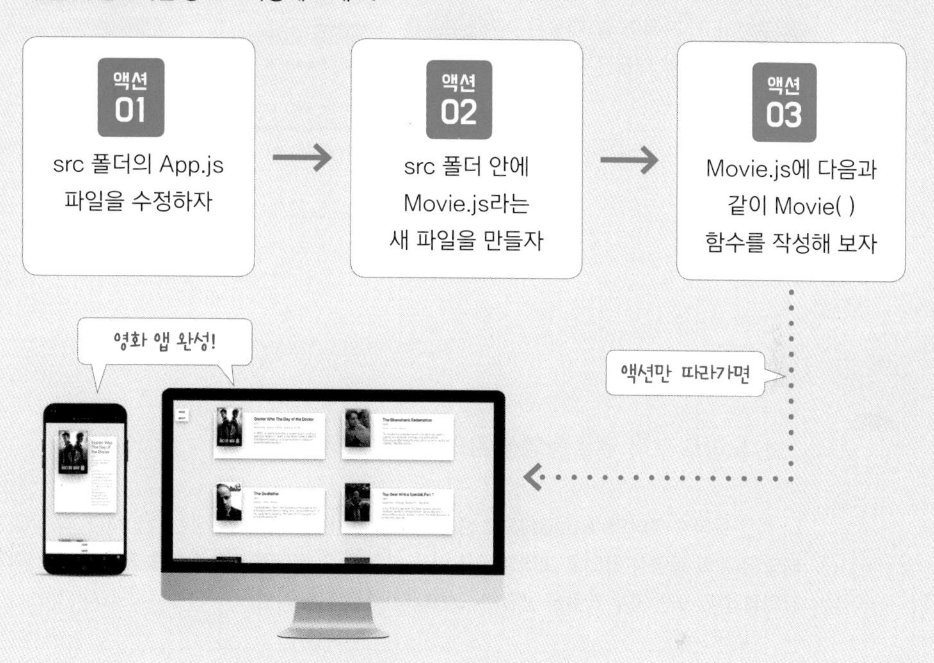

둘, 중간부터 시작하고 싶나요? 클론 스타터 키트로 편하게!

만약 책을 중간부터 공부하고 싶거나 입력한 내용이 맞는지 확인하고 싶다면 클론 스타터 키트를 활용해 보세요. **클론 스타터 키트는 각 장을 마무리한 상태의 프로젝트입니다. 클론 스타터 키트는 다음 깃허브 주소에서 내려받을 수 있습니다.**

클론 스타터 키트 깃허브 주소: github.com/easysIT/do_it_clonecoding_movieapp

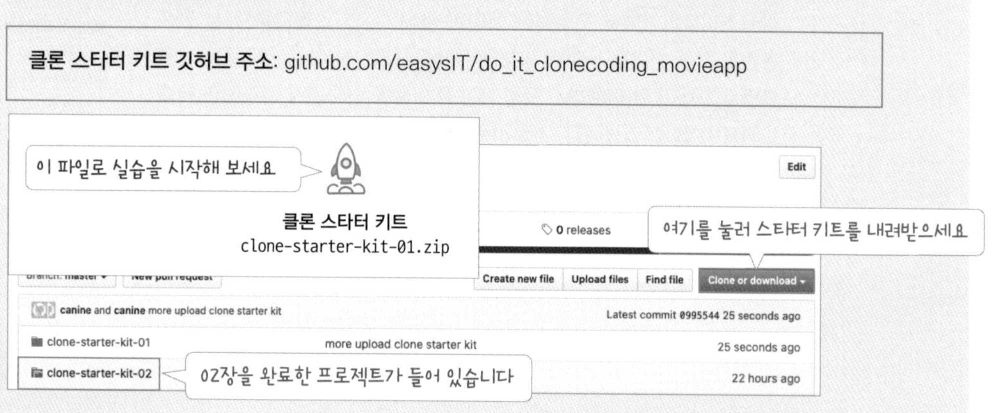

셋, 눈이 편안한 코딩 요소 배치!

여러분이 책을 읽으며 자연스럽게 따라 할 수 있도록 코딩 요소를 배치했어요. [수정하자], [확인하자], [새로 만들자]로 실습을 구분하고, 지워야 할 내용은 삭제선으로, 입력해야 할 내용은 별색으로 표시했습니다.

액션 09 App.js 파일 수정하기

빈 화면은 좀 그러니까 인사말을 표시해 보자. 다시 App.js 파일을 열어서 코드를 변경하고 저장해 봐.

수정하자 ./src/App.js

```
import React from 'react';

function App() {
  return <div className="App" />;
  return <div>Hello!!!!!</div>;
}

export default App;
```

div 엘리먼트 사이의 문장은 아무거나 입력해도 돼

Hello!!!!!

넷, 노마드 코더 무료 동영상 강의도 함께 보세요!

이 책은 노마드 코더의 'ReactJS로 웹 서비스 만들기' 강의를 재구성한 것입니다. 각 장을 시작할 때 해당 주제의 동영상 강의를 모바일에서 바로 확인할 수 있도록 QR 코드를 제공합니다. 책과 동영상 강의를 함께 보면 공부 효율을 높일 수 있습니다(**무료 회원 가입**).

노마드 코더 ReactJS로 웹 서비스 만들기: nomadcoders.co/react-fundamentals

다섯, 두잇 스터디룸에서 친구와 함께 공부하고 책 선물도 받아 가세요!

이지스퍼블리싱에서 운영하는 네이버 카페 '두잇 스터디룸'에서 같은 고민을 하는 친구들과 함께 공부해 보세요. 내가 잘 이해한 내용은 남을 도와주고 내가 잘 이해하지 못한 내용은 도움을 받으면서 공부하면 복습 효과도 누릴 수 있습니다. 서로서로 코드와 개념 리뷰를 하며 훌륭한 개발자로 성장해 보세요(**회원 가입과 등업은 필수**).

두잇 스터디룸: cafe.naver.com/doitstudyroom

■ Do it! 공부단 ■

공부단에 지원한 후 스터디 노트에 공부한 내용을 적으면 책 선물을 드려요!

베스트 자료

■ 도서별 게시판 ■

궁금한 내용은 도서별 게시판에 질문해 보세요!

안녕 리액트?

안녕? 나는 니꼴라스야. 그냥 편하게 '니꼬샘'이라 불러. 여러분, 모두 환영해. 모두 프런트엔드 개발자가 되고 싶어서 이 책을 펼쳤을 거야. 그렇다면 잘했어. 이 책은 리액트의 기초를 아주 쉽게(super easy) 배우면서도 아주 빠르게(super fast) '영화 앱'까지 만드는 과정을 담고 있으니까. 아, 그리고 나를 도와줄 김형태 조교를 소개할게. 리액트에 대한 간단한 소개나 실습 환경 준비는 킴조교가 도와줄 거야. 그럼 킴조교와 함께 시작해 보자구!

01-1 클론 코딩 수업 준비하기

안녕하세요! 저는 '킴조교'입니다. 니꼬샘을 도와 클론 코딩 수업을 함께 진행할 예정입니다. 클론 코딩은 아주 빠른 템포로 실습을 진행하기 때문에 중간중간 보충 설명이나, 깨알 팁이 필요할 거예요. 그때마다 등장해서 여러분을 돕겠습니다. 여기서는 저와 함께 클론 코딩 수업에 필요한 도구를 준비하고 이번 수업의 중심이 될 리액트가 무엇인지 알아보겠습니다.

우선 도구부터 준비해 볼까요? 리액트로 영화 앱을 클론 코딩하려면 준비해야 할 도구가 많습니다. 여기서는 Node.js, npm, npx, 비주얼 스튜디오 코드, 깃을 설치합니다. 도구가 꽤 많지만 설치 과정은 매우 간단하니 걱정하지 마세요. 그럼 시작해 볼까요?

액션을 따라 실습해 보세요

액션 01 **Node.js 설치 확인하기**

윈도우 명령 프롬프트(macOS에서는 터미널)를 실행하고 다음 명령어를 입력해 Node.js가 설치되어 있는지 확인해 보세요.

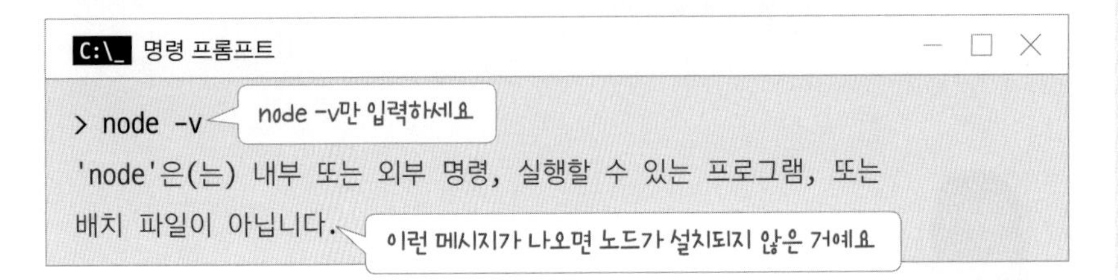

만약 Node.js가 설치되어 있지 않다면 'node은(는) 내부 또는 …'이라는 오류 메시지가 나타날 것입니다. 그러면 Node.js를 설치해야겠네요. 만약 여기서 오류가 발생하지 않았다면 액션 02를 건너뛰고 액션 03에서 설치할 Node.js의 버전만 확인해 보세요.

액션 02 Node.js 설치 파일 내려받기

Node.js 공식 사이트에 접속한 다음 〈LTS 버전〉이 적힌 버튼을 눌러 Node.js 설치 파일을 내려받아 설치하세요. 설치 과정은 기본 설정을 그대로 두고 〈Next〉 버튼을 눌러 진행하면 되므로 생략하겠습니다.

Node.js 공식 사이트: nodejs.org

Current 버전은 최신 Node.js 버전입니다. 하지만 LTS 버전에 비해 안정적이지 않아 추천하지 않습니다.

액션 03 Node.js 설치 다시 확인하기

Node.js를 설치했으니 오류 메시지가 출력된 명령 프롬프트를 종료하세요. 그런 다음 명령 프롬프트를 다시 열어 다음 명령어를 입력해 보세요.

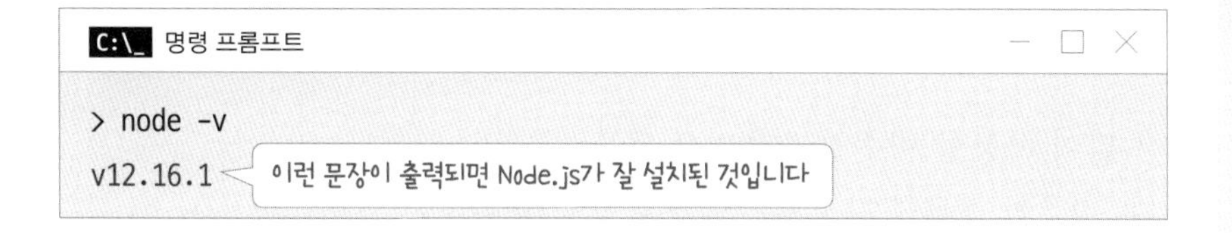

Node.js를 설치하면 노드 패키지 매니저(npm)도 함께 설치됩니다. 앞으로 노드 패키지 매니저(node package manager)는 줄여서 npm이라 부르겠습니다.

npm 설치 확인하기

다음 명령어를 입력해 npm 버전을 확인해 보세요.

보통 개발자들은 버전 확인으로 프로그램 설치 유무를 확인한답니다.

이 책을 집필할 당시 Node.js 버전은 v12.16.1이고 npm 버전은 6.13.4네요. 혹시 여러분 컴퓨터에 설치된 Node.js, npm의 버전과 달라서 걱정되나요? 이 책에서는 Node.js와 npm의 기본 기능만 사용합니다. 그래서 버전이 달라도 실습을 진행하는 데는 큰 문제가 없을 테니 걱정하지 마세요.

액션 05

npx 설치하기

npx는 1회성으로 최신 버전의 노드 패키지를 내려받아 설치시켜주는 노드 패키지입니다. 그래서 npx는 npm으로 설치해야 합니다. 다음 명령어를 입력하여 npx 패키지를 설치하고 확인해 보세요.

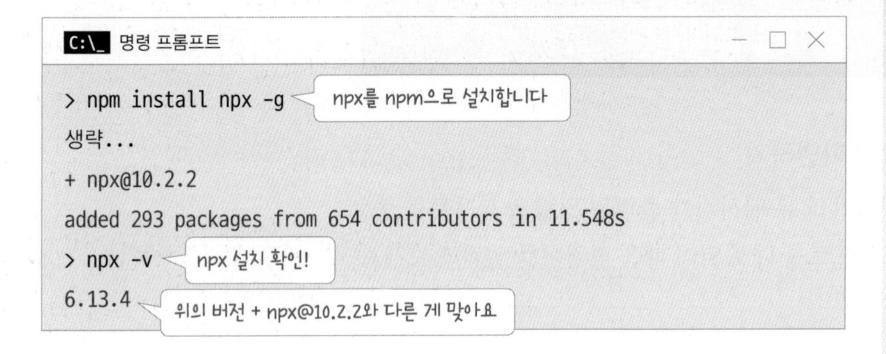

이제 클론 코딩 수업에서 가장 많이 사용할 비주얼 스튜디오 코드(Visual Studio Code)를 설치하겠습니다. 비주얼 스튜디오 코드는 앞으로 VSCode라고 부르겠습니다.

액션 06 VSCode 설치하기

VSCode 공식 사이트에서 설치 파일을 내려받아 설치하세요.

VSCode 공식 사이트 주소는 code.visualstudio.com입니다.

액션 06 깃 설치하기

깃 공식 사이트에 접속해 깃 설치 파일을 내려받아 설치하세요. 깃 설치는 단순히 〈Next〉를 눌러 진행하면 됩니다. 설치를 완료한 후 깃 설치 여부를 확인해 보세요.

깃 공식 사이트: git-scm. com

깃이 무엇이고, 어떻게 사용하는지 궁금하다면 《Do it! 지옥에서 온 문서 관리자 깃&깃허브 입문》을 참고하여 공부해 보세요.

명령 프롬프트

```
> git --version
git version 2.26.0.windows.1
```

웹 분야 기초 지식! 얼마나 알아야 할까?

니꼬샘과 함께 클론 코딩 수업을 하려면 HTML, CSS, 자바스크립트와 같은 웹 분야의 기초 지식이 필요합니다. HTML은 사이트의 뼈대 역할을 합니다.

HTML과 CSS 기본 확인하기

앞으로 만들 영화 앱의 화면도 HTML로 구성하지요. 그래서 자주 사용하는 엘리먼트와 CSS 속성은 미리 알아 두면 좋습니다. 만약 HTML이나 CSS 지식이 전혀 없다면 《Do it! HTML5+CSS3 웹 표준의 정석》이나 노마드 코더의 '코코아톡 클론 코딩'을 추천합니다.

다음 태그 중에서 알고 있는 것에 체크해 보세요! 5개 이상이면 공부를 계속 진행해도 좋습니다.

- [ ] <div>
- [ ] <span>
- [ ] <p>
- [ ] <h1>, <h2>, <h3>, …
- [ ] <ul>
- [ ] <li>
- [ ] <img>
- [ ] <a>
- [ ] <button>
- [ ] <input>

태그(엘리먼트)의 종류와 자세한 설명이 궁금하다면 mzl.la/2ROsFKk에 접속해 보세요.

다음 스타일 속성 중에서 알고 있는 것에 체크해 보세요! 5개 이상이면 공부를 계속 진행해도 좋습니다.

- [ ] display : block, inline
- [ ] width
- [ ] height
- [ ] margin
- [ ] padding
- [ ] border
- [ ] border-radius
- [ ] background-color
- [ ] color
- [ ] font-weight
- [ ] font-size

스타일 속성 종류와 자세한 설명이 궁금하다면 mzl.la/2Yn5ZEq에 접속해 보세요.

자바스크립트 기본 확인하기

자바스크립트는 기초 수준의 문법만 알고 있으면 됩니다. 적어도 아래의 문법 요소는 알아두는 것이 좋습니다. 만약 자바스크립트에 대한 지식이 전혀 없다면 《Do it! 자바스크립트 기본 편》이나 노마드 코더의 《바닐라 JS로 크롬 앱 만들기》를 추천합니다.

다음 ES5 문법 중에서 알고 있는 것에 체크해 보세요! 5개 이상이면 공부를 계속 진행해도 좋습니다.

- [ ] var
- [ ] string
- [ ] array
- [ ] object
- [ ] function
- [ ] boolean
- [ ] for 문, if 문, while 문
- [ ] 3항 연산자
- [ ] getElementById( ) 함수

다음 ES6 문법 중에서 알고 있는 것에 체크해 보세요! 3개 이상이면 공부를 계속 진행해도 좋습니다.

- [ ] let, const
- [ ] 화살표 함수
- [ ] class
- [ ] map() 함수
- [ ] promise
- [ ] async, await
- [ ] import, export
- [ ] 구조 분해 할당
- [ ] 전개 연산자

자바스크립트 문법 종류와 자세한 설명이 궁금하다면 mzl.la/2RS5gYm에 접속해 보세요.

01-2 왜 리액트일까?

리액트 클론 코딩 수업을 할 준비가 됐나요? 본격적으로 클론 코딩 수업을 하기 전에 왜 리액트를 공부해야 하는지 살펴보겠습니다.

액션 01 크롬 웹 스토어 열기

먼저 'React Developer Tools'라는 크롬 확장 프로그램을 통해 리액트로 만들어진 유명 기업 사이트를 검사해 보겠습니다. 크롬 브라우저 오른쪽 위에 있는 ⋮ 버튼을 누른 다음 [도구 더보기 → 확장 프로그램]을 누르세요. 확장 프로그램 페이지에서 왼쪽 위에 있는 ≡ 버튼을 누르고 왼쪽 아래에 있는 'Chrome 웹 스토어 열기'를 누르세요.

React Developer Tools는 사이트가 리액트로 만들어 졌는지 검사하는 기능 외에도 리액트 개발에 도움을 주는 다양한 기능을 포함하고 있습니다.

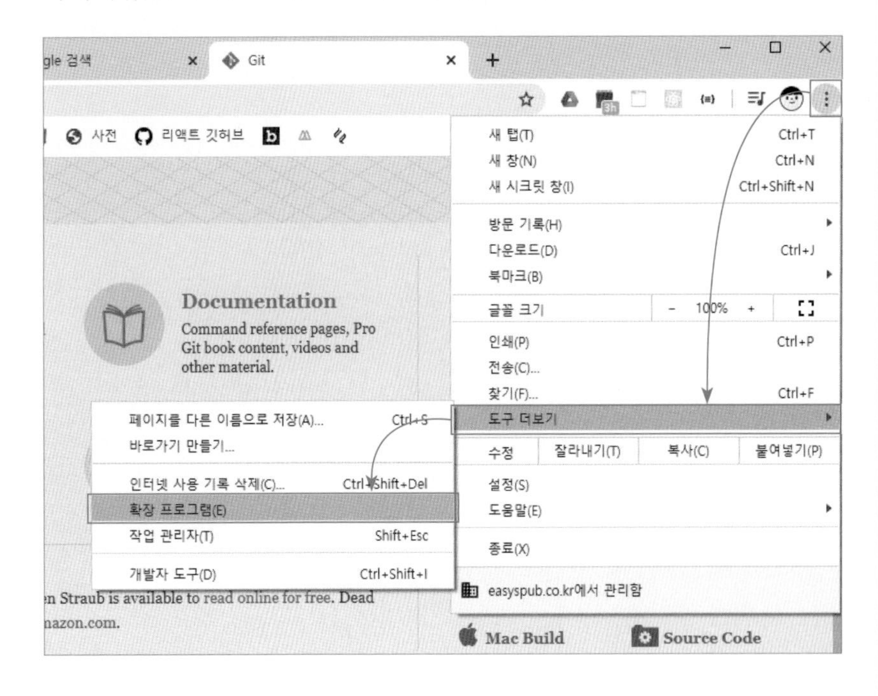

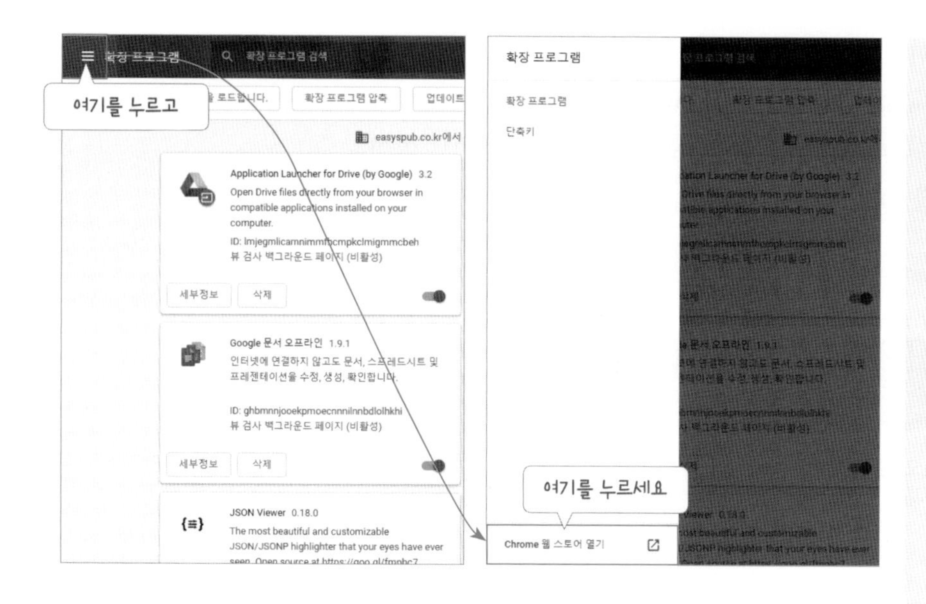

액션 02 chrome 웹 스토어가 열리면 검색 창에 React를 검색해 보세요. 그런 다음 목록에서 'React Developer Tools' 항목을 찾으세요. 그런 다음 오른쪽에 있는 ‹Chrome에 추가›를 눌러 확장 도구를 설치하세요.

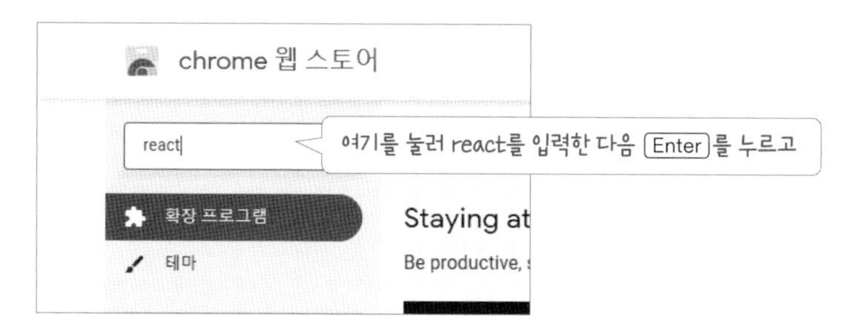

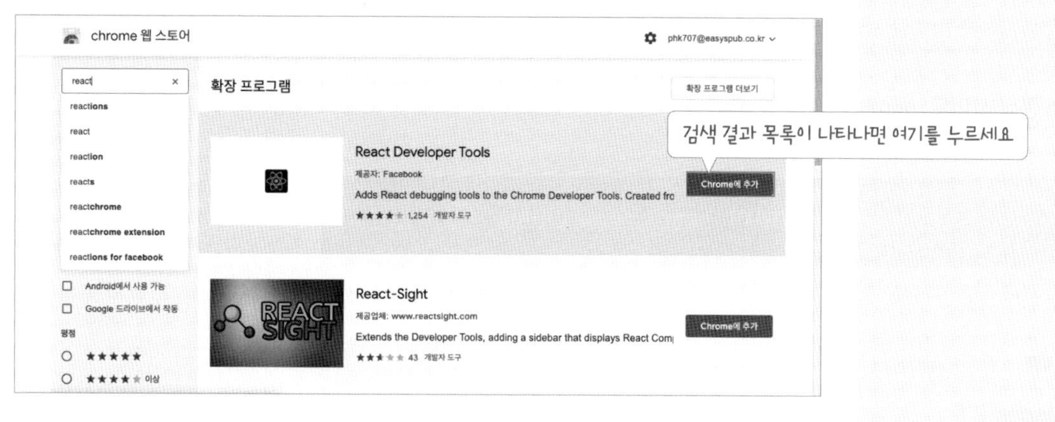

액션 03 React Developer Tools로 사이트 검사하기

에어비앤비(www.airbnb.com), npm(www.npmjs.com), 넷플릭스(www.netflix.com), 스포티파이(open.spotify.com)에 접속해서 리액트 아이콘이 어떻게 변하는지 확인해 보세요.

리액트로 만든 사이트에 접속하면 오른쪽 위에 리액트 아이콘이 진하게 표시(아이콘)되고, 리액트를 사용하지 않은 웹 페이지에 접속하면 리액트 아이콘이 흐리게 표시(아이콘)됩니다.

액션 04 npmjs에서 리액트 다운로드 횟수 살펴보기

이번에는 npmjs에서 리액트 다운로드 횟수를 살펴보겠습니다. 리액트 다운로드 횟수를 보면 왜 리액트를 공부해야 하는지 체감될 거에요. npmjs 사이트에 접속해서 react라고 검색한 다음 목록에서 [react]를 눌러 보세요.

npmjs 공식 사이트: npmjs.com

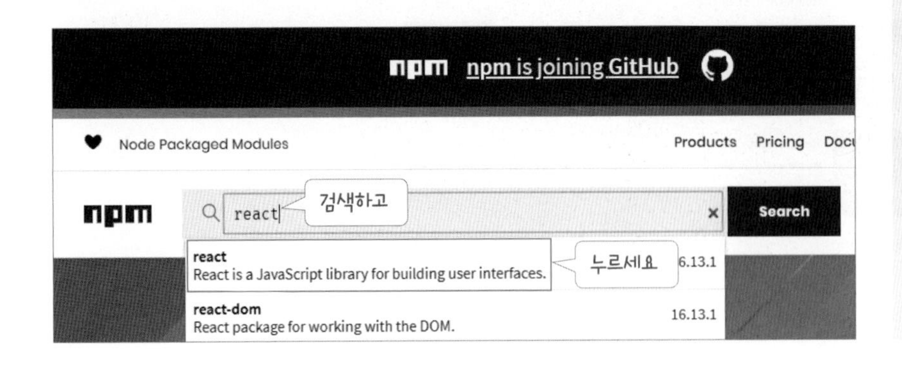

npmjs는 노드 패키지를 검색하여 정보를 보고 다운로드할 수 있는 사이트입니다.

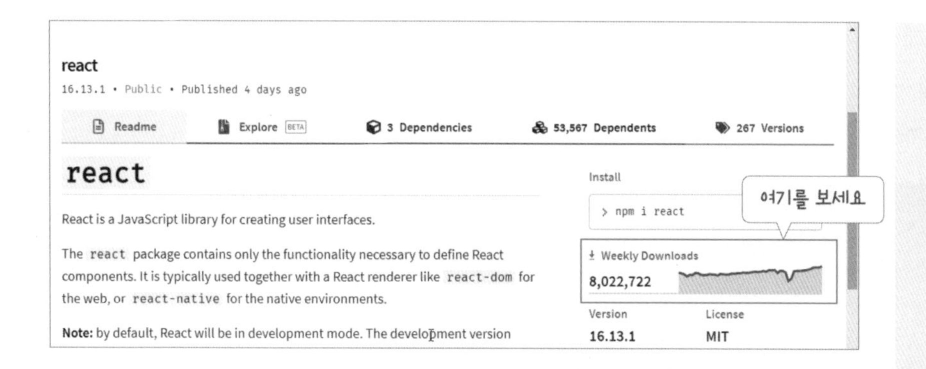

그러면 전세계 개발자들이 npm으로 리액트를 내려받은 횟수와 함께 시각화 자료를 볼 수 있습니다. 결과를 보면 1주일에 800만 회쯤 다운로드되고 있습니다. 엄청나지요?

액션 05 state of JS의 설문 조사 살펴보기

state of JS 사이트에 들어가 보면 수많은 개발자가 리액트를 얼마나 사랑하고 또 많이 사용하는지 알 수 있습니다. state of JS 홈페이지의 왼쪽 메뉴에서 [Front End Frameworks]를 눌러 보세요.

state of JS 공식 사이트: 2019.stateofjs.com

설문조사는 매년 업데이트됩니다.

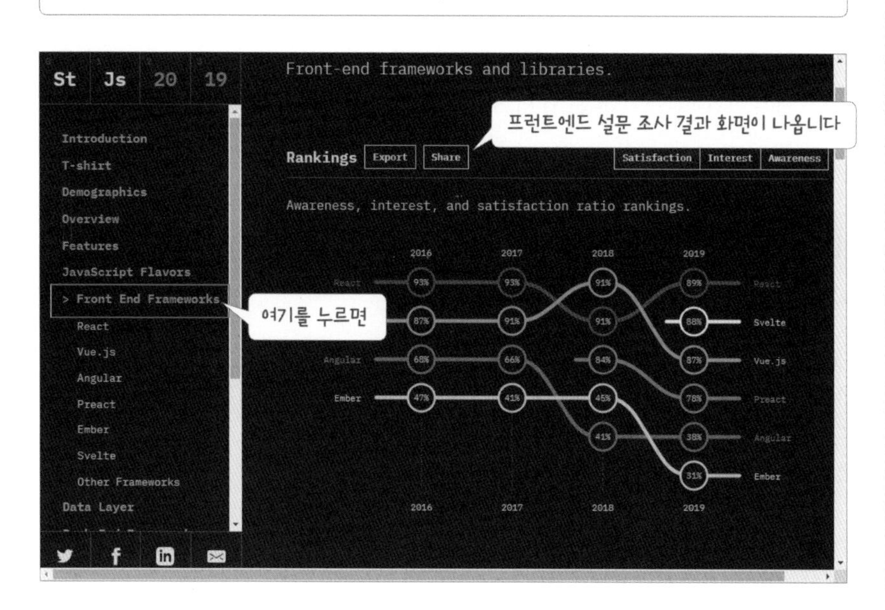

그러면 프런트엔드 프레임워크의 선호 순위가 나옵니다. 리액트의 선호도가 가장 높네요. 계속해서 스크롤을 내려 각 프레임워크를 어떻게 평가했는지 개발자의 답변을 볼까요?

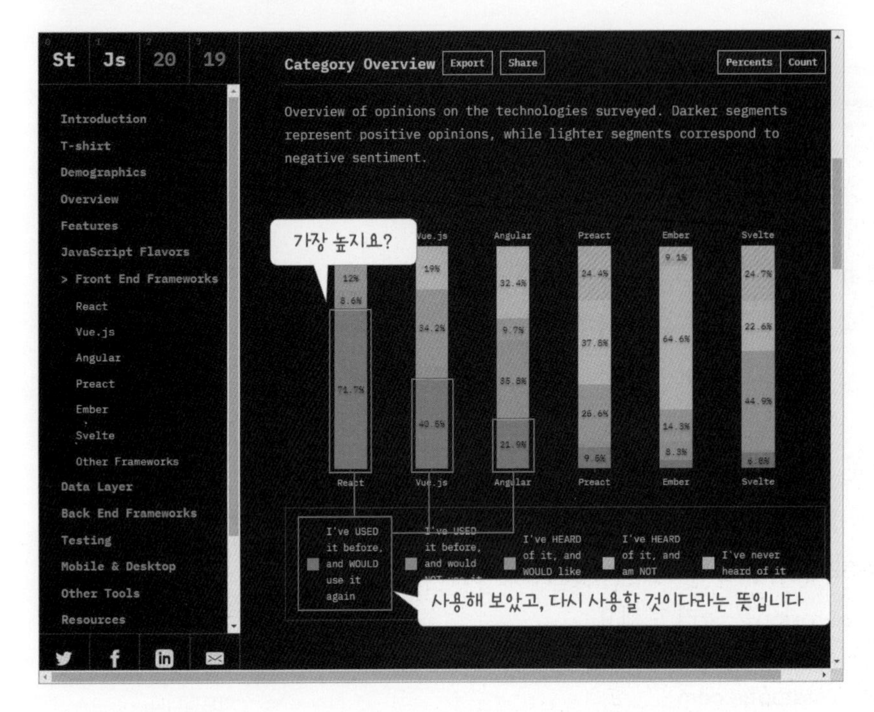

'사용해 보았고, 다시 사용할 것이다'의 비율은 리액트 → 뷰.js → 앵귤러 순으로 높습니다.

그러면 '사용해 보았고, 다시(계속) 사용할 것이다(I've USED it before, and WOULD use it again)'의 비율은 리액트가 압도적으로 높습니다(71.7%). 리액트의 인기가 실감나지요?

액션 06

리액트의 인기를 보여 주는 그래프를 하나 더 살펴볼까요? [Front End Frameworks → React]를 눌러 보세요.

그러면 2016년부터 2019년 사이에 48.7%에서 71.7%로 **뛰어오른 리액트의 인기도를 볼 수 있습니다.** 이정도만 보아도 리액트를 공부해야 할 이유가 충분히 이해되었을 것입니다. 이제 니꼬샘과 함께 리액트를 본격적으로 사용해 보겠습니다.

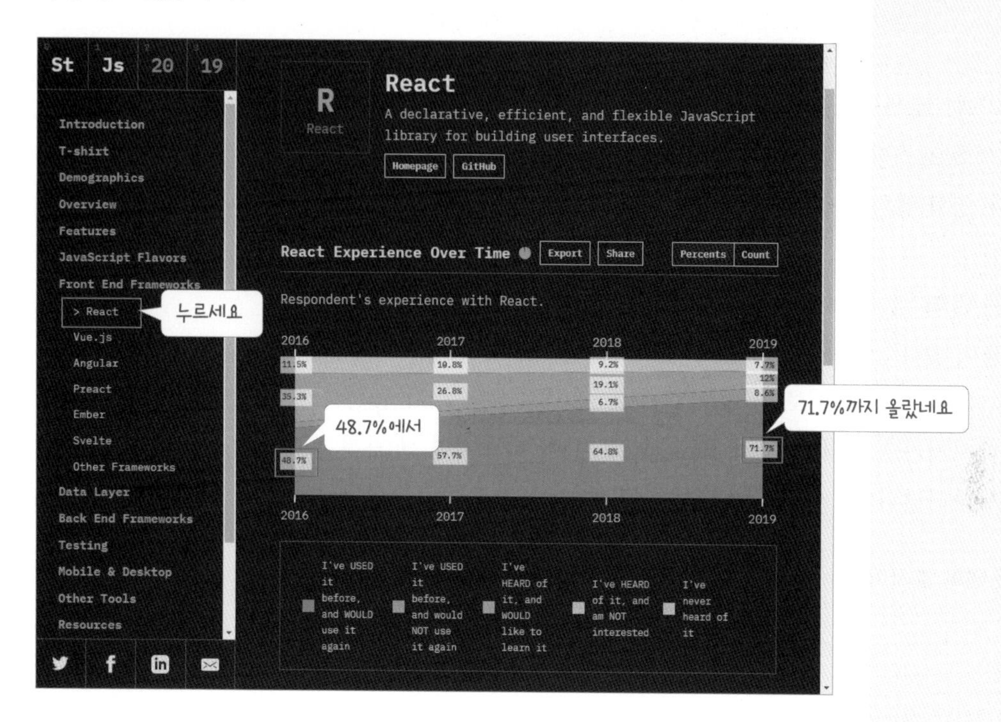

학습자에게 리액트의 장점은 무엇일까?

학습자에게 리액트의 장점은 '자바스크립트로 작성되어 있다는 것'입니다. 만약 리액트를 위해 만들어진 언어가 있고, 그 언어로 리액트를 다뤄야 한다고 생각해 보세요. 나중에 리액트를 사용하지 않는 때가 오면 그 언어를 배운 시간이 모두 허사가 되겠지요? 그럴 리는 없겠지만 '리액트가 사용되지 않는 기술이 된다'고 하더라도 그동안 배우고 사용한 자바스크립트 지식은 그대로 남아 있으니까 걱정하지 마세요. 뛰어난 자바스크립트 개발자가 되길 희망한다면 리액트 공부를 주저하지 마세요. 니꼬샘도 리액트 덕분에 자바스크립트 실력이 향상되었다고 합니다. **니꼬샘은 "리액트를 공부하면 자바스크립트를 따로 공부할 필요가 없다"고 말할 정도로** 리액트 학습의 효율성을 강조합니다.

01-3 무엇을 클론 코딩할까?

이 책에서는 리액트로 노마드 코더 영화 API라는 곳에서 영화 데이터를 전달받은 다음, 영화 포스터와 정보를 카드에 담아 주르륵~ 출력해 주는 영화 앱을 만듭니다. 영화 앱의 모습을 잠시 살펴볼까요?

액션 01 완성된 영화 앱 주소에 접속해 보기

니꼬샘이 만든 영화 앱에 접속해 보세요. 영화 앱 왼쪽에는 〈HOME〉, 〈ABOUT〉 버튼이 보이고(내비게이션), 오른쪽에는 'loading...'이라는 로딩 메시지가 보입니다. 잠시 후 로딩 메시지가 사라지면 그 자리에 영화 카드가 나타납니다.

니꼬샘이 만든 영화 앱의 주소는 nomadcoders.github.io/movie_app_2019입니다.

니꼬샘이 만든 영화 앱 사이트: nomadcoders.github.io/movie_app_2019

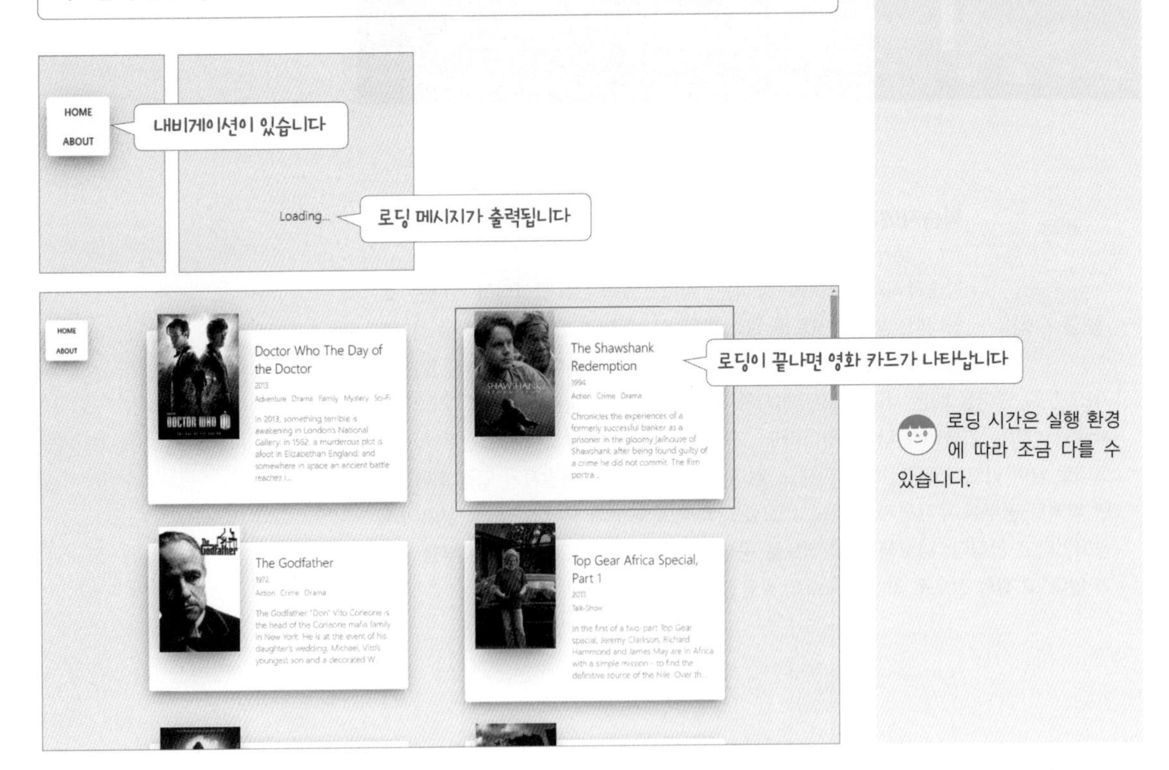

로딩 시간은 실행 환경에 따라 조금 다를 수 있습니다.

페이스북이나 인스타그램과 같은 서비스를 사용할 때 로딩 상태를 본 적이 있지요? 그 기능과 같다고 생각하면 됩니다.

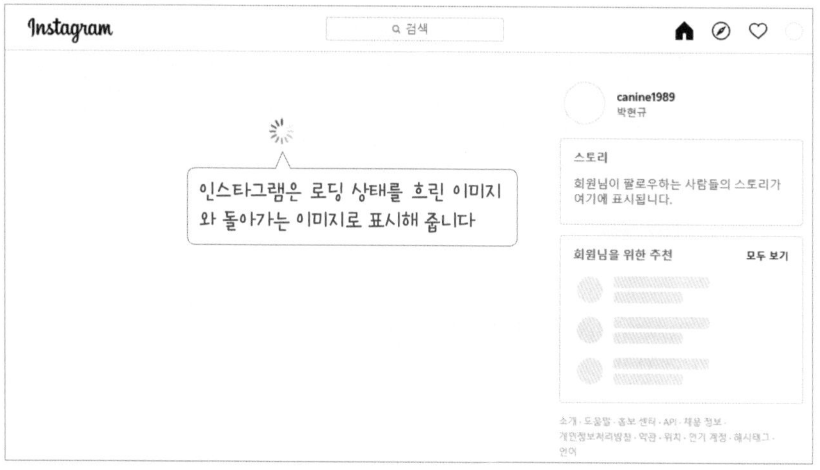

액션 02 ABOUT 버튼 눌러 보기

〈ABOUT〉을 누르면 영화 앱의 소개 페이지가 출력됩니다. 니꼬샘은 ABOUT에 조지 오웰의 《1984》에 나오는 한 구절을 넣었네요.

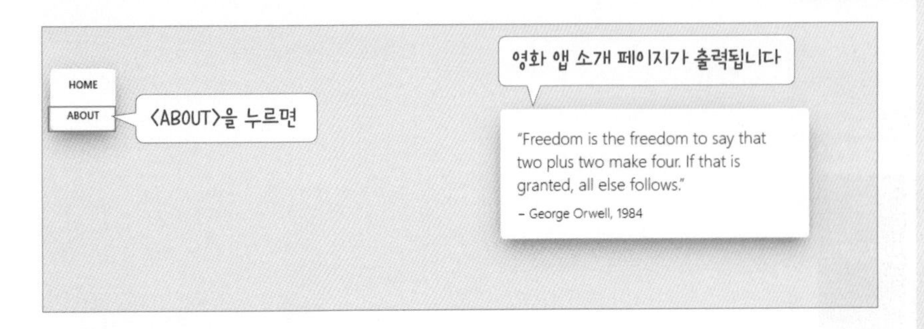

자유란 2+2=4라고 말할 수 있는 것이다. 이것이 인정된다면 다른 모든 것은 다 따라온다.
- 조지 오웰, 1984

액션 03 HOME 버튼 눌러 보기

〈HOME〉 버튼을 누르면 로딩 메시지가 표시되고 잠시 후에 영화 카드가 나타납니다.

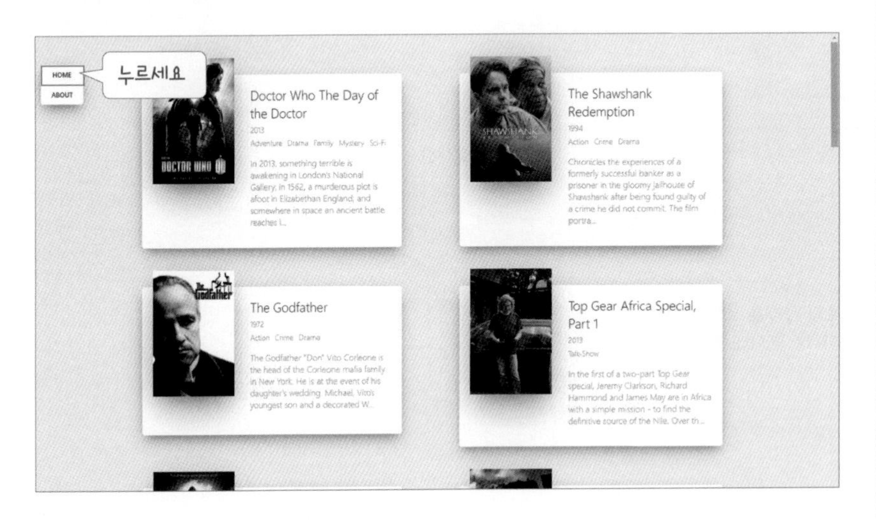

이렇게 영화 앱 클론 코딩을 따라 하면 내비게이션 기능까지 만들어 볼 수 있습니다. 또한 이미지와 텍스트를 다듬어 서비스처럼 보일 수 있도록 만드는 과정까지 안내합니다.

액션 04 영화 카드 살펴보기

영화 카드의 모양을 자세히 살펴볼까요?

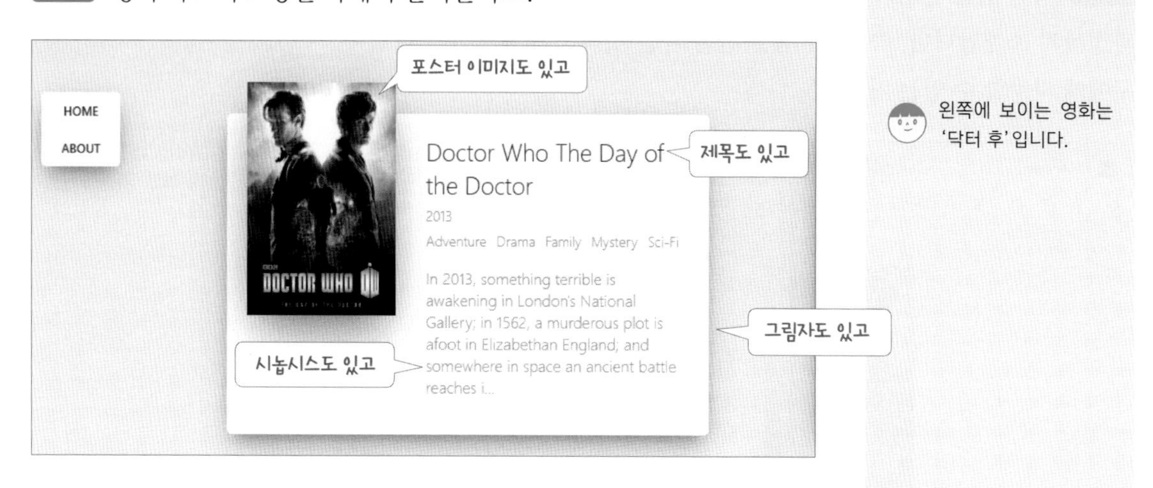

> 왼쪽에 보이는 영화는 '닥터 후'입니다.

왼쪽 상단에는 영화 포스터가 들어가 있습니다. 그리고 오른쪽 위부터 제목, 개봉연도, 장르, 시놉시스(영화 줄거리)가 출력되어 있네요. 카드의 모양을 보니 그림자도 들어가 있고, 카드 색상, 글자 색상, 글자 크기가 다르군요. 단순히 이미지와 텍스트를 그대로 보여주는 것이 아니라 모양을 다듬어 보여줌을 알 수 있습니다.

다만! 이 책은 CSS를 설명하는 책이 아니므로 자세한 CSS 설명은 생략합니다. 그렇다고 앱의 아름다운 모양을 포기할 수는 없겠죠? 그래서 CSS 파일을 본문에서 제공하고, CSS 파일을 적용하여 모양을 완성할 수 있도록 안내합니다.

액션 05 배포 주소 살펴보기

영화 앱을 완성하면 깃허브를 통해 업로드하고 확인할 수 있는 배포 과정까지 소개합니다. 즉, 영화 앱을 만든 다음 깃허브에 배포까지 하면 친구에게 자랑할 수 있는 거지요!

친구에게 "내가 만든 앱이야!"라고 자랑해 볼 수 있겠지요?

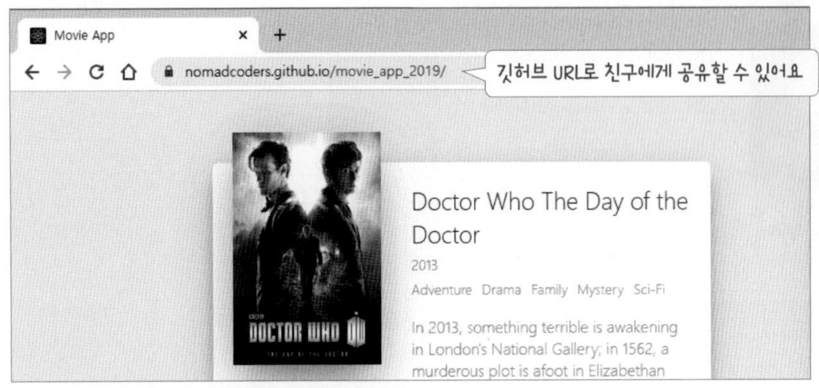

어때요. 영화 앱 만들기부터 깃허브 배포까지! 정말 기대되지 않나요? 그러면 지금부터 천천히 시작해 볼까요?

리액트로 클론 코딩 시작하기

이제' 리액트와 함께 클론 코딩을 시작할 거야. 여기부터 본격적으로 리액트 개발을 시작한다고 생각하면 돼. 그런데 리액트 개발은 어떻게 시작할 수 있을까? 리액트 개발을 시작하는 방법은 꽤 복잡해. 왜냐하면 리액트는 비교적 최근에 나온 기술이라서 일부 브라우저는 이해할 수 없는 코드로 구성되어 있거든. 그래서 웹팩과 바벨이라는 도구가 필요하고, 이 도구로 리액트를 모든 브라우저가 이해할 수 있도록 컴파일해야만 해. 문제는 이 과정이 정말 복잡하다는 거야. 그런데 **이 과정은 이제 안 해도 돼. 그 이유는 본문에서 설명할 거야.** 그럼 시작해 보자!

노마드 코더 니꼬샘의 강의 보러가기

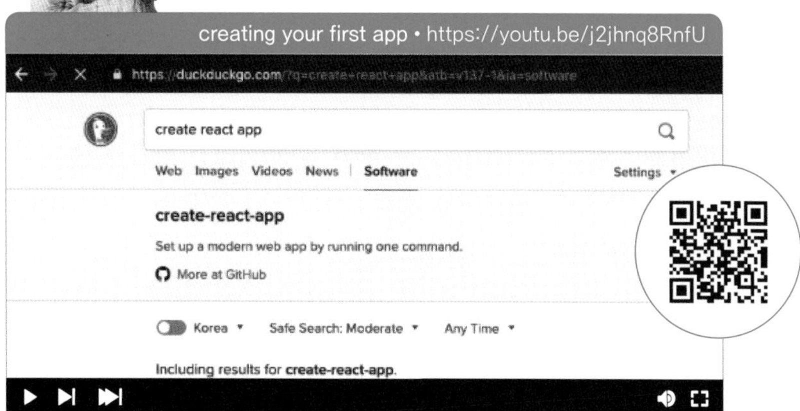

02-1 슈퍼 빠른 create-react-app

킴조교와 함께 클론 코딩 수업 준비를 잘 마쳤지? 지금부터 나와 함께 공부하자. 참고로 나는 한국어가 서툴러. 그래서 반말을 사용할 텐데 이해해 주길 바라. 나는 리액트를 주로 사용하는 풀스택 개발자야. 그런데 이제는 웹팩, 바벨과 같은 도구를 사용하지 않아. 왜냐하면 create-react-app이라는 보일러 플레이트가 있거든. 이 보일러 플레이트를 사용하면 명령어 1줄만 입력해서 리액트 개발을 바로 시작할 수 있어. 다시 말해 create-react-app은 리액트 개발을 바로 시작할 수 있도록 프로젝트 구조 작업, 설정 작업 등을 자동으로 진행해 주는 도구야. 리액트 개발 준비는 create-react-app이 하고 우리는 그냥 코딩만 하면 되는 거지!

풀스택 개발자란 프런트엔드, 백엔드를 모두 개발하는 사람이라 생각하면 됩니다.

보일러 플레이트(boiler plate)란 개발을 바로 시작할 수 있도록 만든 기초 환경을 말합니다.

액션 01 create-react-app으로 리액트 앱 만들기

이 파일로 실습을 시작해 보세요

클론 스타터 키트
clone-starter-kit-01.zip

명령 프롬프트를 실행한 다음 리액트 앱을 만들고 싶은 곳으로 이동해. 그러고 나서 다음 명령어를 입력해 보자. movie_app_2020이라는 이름은 마음대로 바꿔도 돼.

명령 프롬프트

```
> npx create-react-app movie_app_2020
Success! Created movie_app_2020 at C:\movie_app_2020
Inside that directory, you can run several commands:

  npm start
    Starts the development server.
(생략...)
```

원하는 이름으로 해도 돼

혹시 디렉터리 이동 방법을 모른다면 인터넷에 cd(change directory) 명령어 사용 방법이라고 검색해 보세요.

그러면 명령어를 실행한 위치에 movie_app_2020이라는 이름의 폴더가 생길 거야. C:₩ 경로에서 명령어를 실행했으니까 C:₩에 movie_app_2020 폴더가 생성된 거야.

npx는 create-react-app을 다운로드한 다음 create-react-app movie_app_2020 명령어를 실행하여 리액트 앱을 생성해 줍니다.

액션 02 프로젝트 폴더 선택하기

VSCode를 실행하여 [파일 → 폴더 열기]를 누른 다음 C:₩movie_app_2020 폴더를 선택하자.

VSCode는 비주얼 스튜디오 코드인 거 알죠? VSCode가 없는 분은 설치 후 실습을 진행해 주세요.

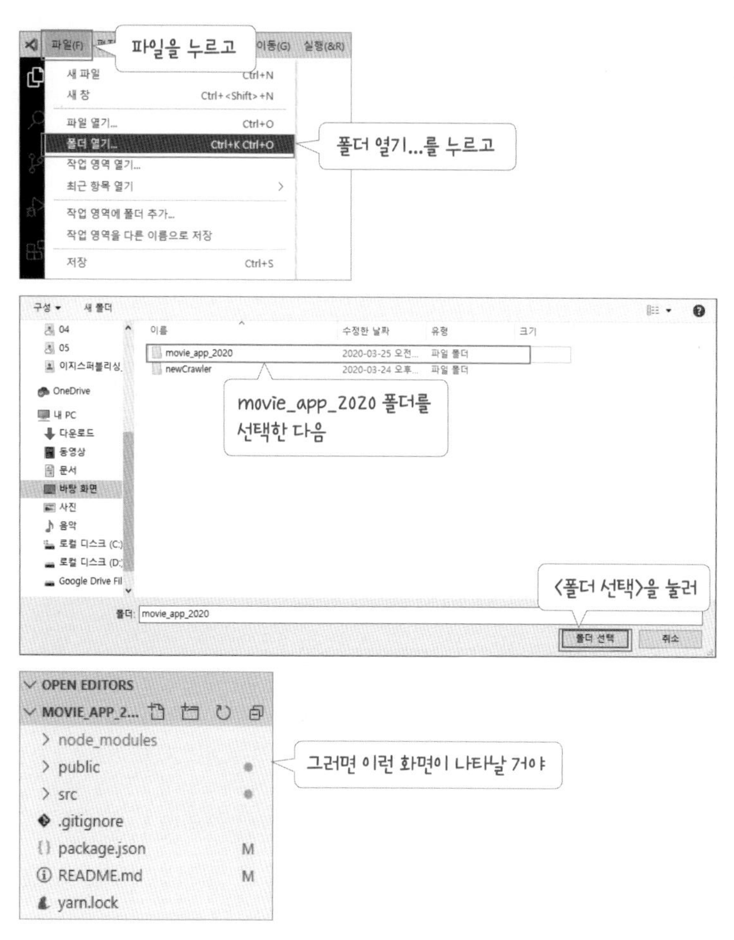

폴더를 선택하면 왼쪽에 프로젝트 구조를 볼 수 있는 창이 나타날 거야. 몇몇 파일을 수정해 보고, 리액트 앱을 실행해 보자.

액션 03 README.md 파일 수정하기

루트 폴더에 있는 README.md 파일을 연 다음, 그 안에 작성되어 있던 내용을 모두 지워. 그런 다음 아래와 같이 입력하고 Ctrl+S를 눌러 저장하자.

> 루트 폴더란 가장 바깥쪽 폴더를 말합니다. 즉 movie_app_2020 폴더를 말합니다.

새로 만들자 ./README.md

```
# Movie App 2020

React JS Fundamentals Course 2020
```

색으로 표시된 코드는 반드시 손으로 작성해 보자

이어서 package.json 파일을 열어서 scripts 키값을 수정할 거야. scripts 키값은 쉽게 말해서 명령어인데 start, build, test, eject라는 명령어가 있어.

> README.md 파일은 주로 앱에 대한 소개를 하기 위해 작성됩니다. 이 파일에 작성한 글은 깃허브 업로드 이후 확인할 수 있습니다.

액션 04 package.json 파일 수정하기

test, eject 명령어는 사용하지 않을 테니까 삭제하자. 파일 저장하는 거 잊지 말고.

수정하자 ./package.json

```
{
  "name": "movie_app_2020",
  "version": "0.1.0",
  "private": true,
  "dependencies": {
    "@testing-library/jest-dom": "^4.2.4",
    "@testing-library/react": "^9.4.0",
    "@testing-library/user-event": "^7.2.1",
    "react": "^16.12.0",
    "react-dom": "^16.12.0",
    "react-scripts": "3.4.0"
  },
  "scripts": {
    "start": "react-scripts start",
    "build": "react-scripts build"
```

쉼표(,)도 지워야 해

```
    "test": "react-scripts test",
    "eject": "react-scripts eject"     여기에 보이는 test, eject 명령어를 지우면 돼
  },
  "eslintConfig": {
    "extends": "react-app"
  },
  "browserslist": {
    "production": [
      ">0.2%",
      "not dead",
      "not op_mini all"
    ],
    "development": [
      "last 1 chrome version",
      "last 1 firefox version",
      "last 1 safari version"
    ]
  }
}
```

여기까지 잘 따라왔지? 이제 리액트 앱을 실행해 보자.

액션 05 리액트 앱 실행하기

명령 프롬프트에서 루트 폴더로 이동한 다음 npm start를 입력해 봐.

```
C:\_ 명령 프롬프트

> npm start     이 명령어를 입력해 봐
Compiled successfully!

You can now view movie_app_2020 in the browser.

  Local:            http://localhost:3000
  On Your Network:  http://192.168.0.192:3000

(생략...)
```

명령 프롬프트에 'Compiled Successfully!'와 같은 문장이 보인 다음, 크롬 브라우저가 켜지고, 다음 화면이 나타나면 OK야! 리액트 앱이 실행된 거지.

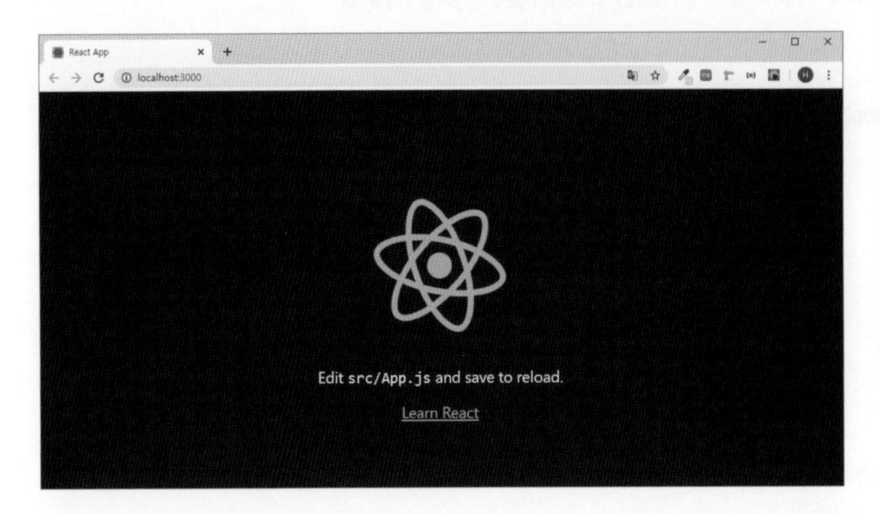

명령 프롬프트에 2개의 URL(http://localhost:3000, http://192.168.0.192:3000)이 보일 거야. 숫자로 표현된 주소는 인터넷 접속 상황에 따라 다를 수 있어. 둘 중 하나를 골라 크롬 브라우저에 입력하면 리액트 앱이 나타날 거야. 지금까지 create-react-app으로 리액트 앱을 만들고 실행했어. 어때? 매우 간단하지?

지금부터는 명령 프롬프트 대신 VSCode의 통합 터미널을 사용하겠습니다. 통합 터미널을 사용하면 VSCode 하나만 켜두고 코딩과 명령어를 실행할 수 있습니다. 또한 이후 통합 터미널은 터미널이라 하겠습니다.

액션 06 리액트 앱 종료하기

이제 리액트 앱을 종료해 보자. 명령 프롬프트로 돌아가서 Ctrl + C를 누르면 리액트 앱이 종료될 거야.

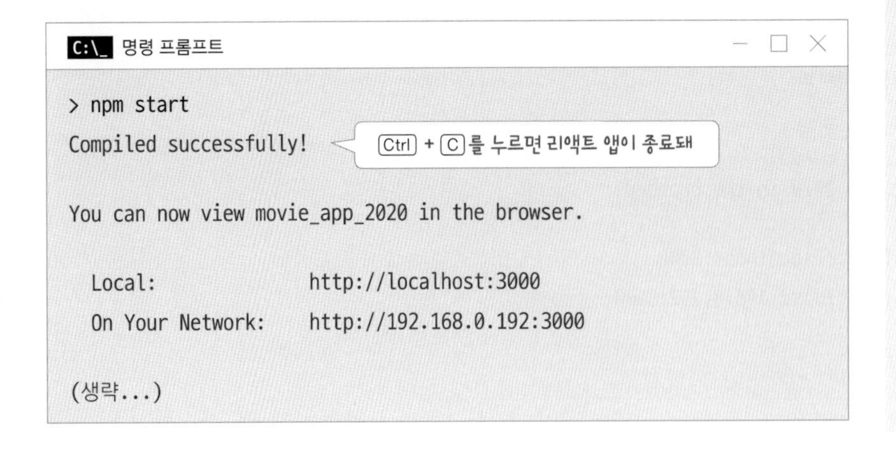

비주얼 스튜디오 코드 통합 터미널을 실행하는 방법

VSCode를 처음 사용하나요? 그러면 통합 터미널을 실행하는 방법을 모를 수도 있겠네요. 메뉴에서 [터미널(T) → 새 터미널]을 누르거나 Ctrl + Shift + `을 누르면 통합 터미널이 실행됩니다.

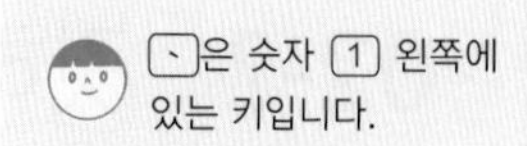
`은 숫자 1 왼쪽에 있는 키입니다.

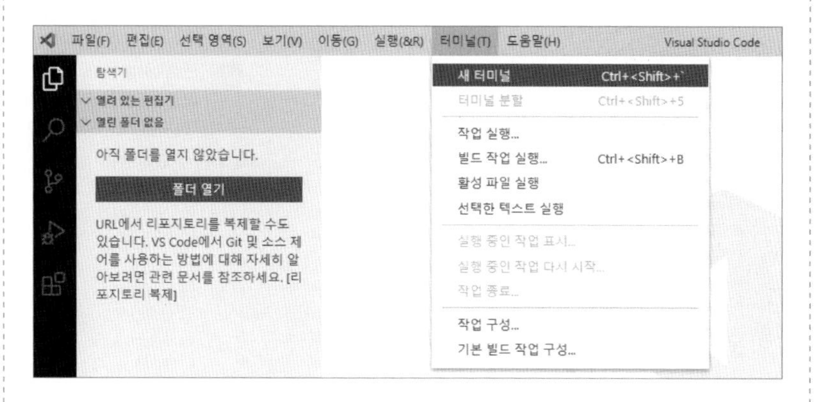

통합 터미널 실행 환경에 따라 보이는 소개 문구는 다를 수 있습니다.

02-2 깃허브에 리액트 앱 업로드하기

02-1을 통해 리액트 앱을 만들었으니 이걸(movie_app_2020) 깃허브에 올려 보자. 깃허브에 코드를 올리는 이유는 나중에 영화 앱을 온라인에 배포하기 위함이야. 지금은 이런 내용을 설명해도 무언가를 바로 해볼 수 없으니까 일단 깃허브에 리액트 앱을 업로드하는 과정만 실습해 보자.

본래 깃허브는 코드의 버전 관리 및 협업을 위해 사용하지만 여기서는 배포를 위해 사용합니다.

액션 01 로컬 저장소 초기화하기

터미널에서 루트 폴더로 이동한 후 다음 명령어를 입력하자.

```
C:\_ 명령 프롬프트
> git init
Initialized empty Git repository in C:/movie_app_2020/.git/
또는
Reinitialized existing Git repository in C:/movie_app_2020/.git/
```

git init 명령어를 실행하면 현재 폴더에 저장소(repository)를 새롭게 초기화할 거야. 만약 현재 폴더가 이미 저장소였다면 다시 초기화할 거니까 걱정하지 말고. 위의 두 메시지 중 하나가 뜨면 성공한 거야.

액션 02 깃허브에 저장소 만들기

깃허브 저장소 만들기 페이지에 접속해. 만약 깃허브에 가입하지 않았다면 가입해야 해. 가입 및 로그인 후 나오는 화면에서 〈start a project〉를 눌러도 저장소 만들기 페이지로 갈 수 있어.

깃허브 저장소 만들기 페이지 주소는 www.github.com/new입니다.

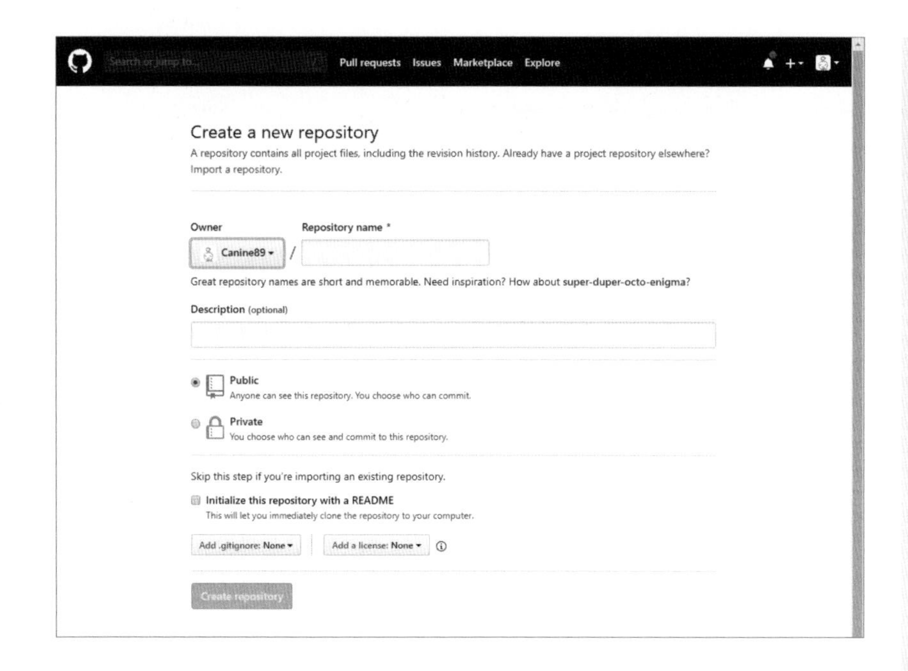

그러면 Create a new repository라는 화면이 나타날 거야. 여기에 필수값을 입력해서 깃허브에 저장소를 만들어 보자.

액션 03 Repository name에 'movie_app_2020'을 입력해. 다른 이름을 입력해도 되는데 나는 기존에 만든 폴더 이름과 같은 이름을 사용할게. 나중에 헷갈리거든. Description에는 'React JS Fundamentals Course 2020'이라고 입력해. Public / Private 옵션에서는 [Public]을 선택해. 나머지는 만지지마. 그런 다음 〈Create repository〉를 누르면 저장소가 생성 돼.

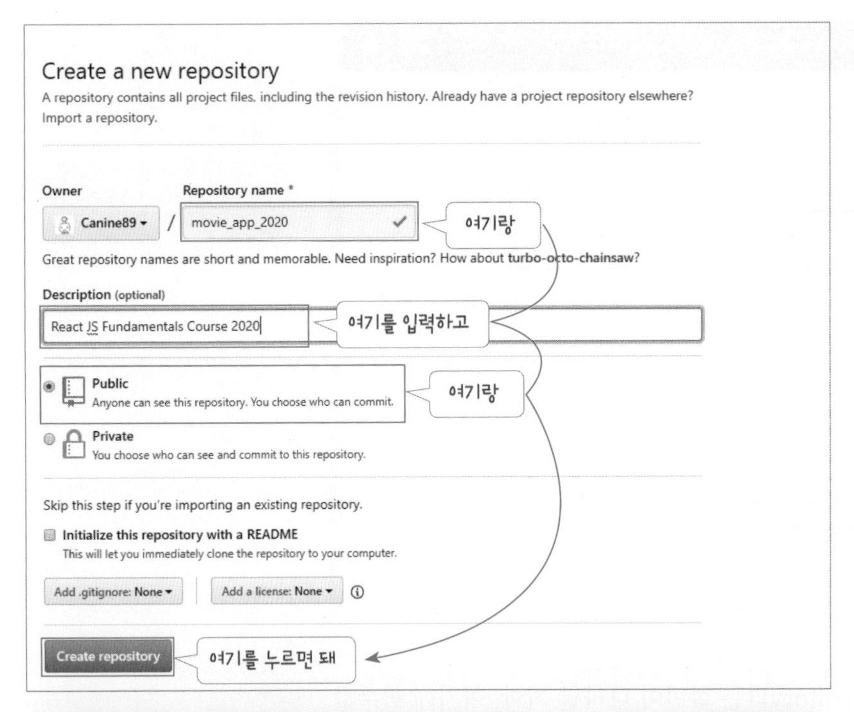

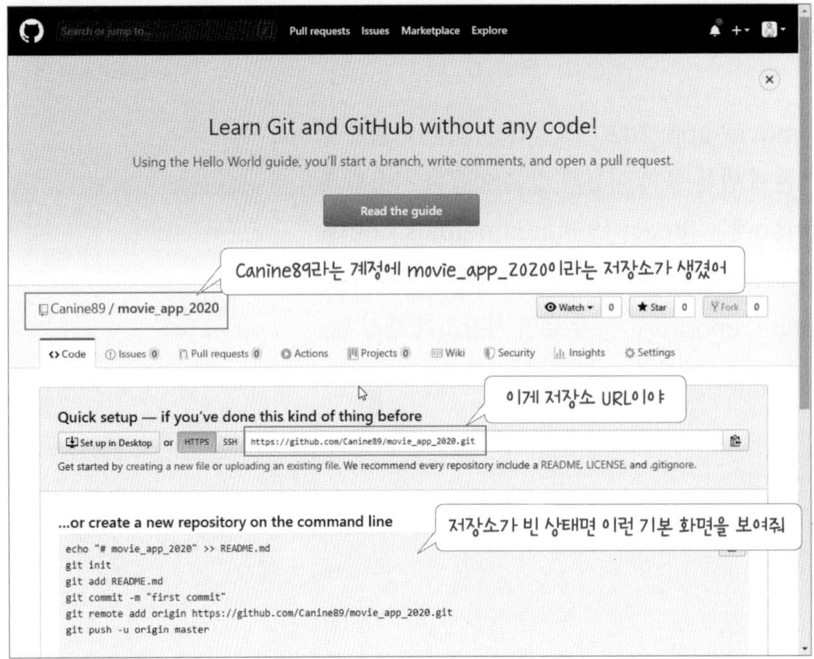

그러면 위와 같은 화면과 함께 깃허브 계정에 movie_app_2020이라는 이름의 깃허브 저장소가 생길 거야.

깃허브 저장소에는 아직 아무것도 올리지 않았지? 깃허브 저장소가 비었으면 위와 같은 기본 화면을 보여줘.

액션 04 깃허브 저장소에 리액트 앱 업로드하기

깃허브 저장소의 URL을 사용해 터미널에 다음과 같이 명령어를 입력하자. 이때 명령어를 손으로 직접 입력하지 말고 저장소에 있는 명령어 예를 복사해서 사용하도록!

깃허브 저장소의 URL은 github.com/[계정 이름]/movie_app_2020입니다.

```
C:\_ 명령 프롬프트
> git remote add origin github.com/[계정 이름]/movie_app_2020.git
```

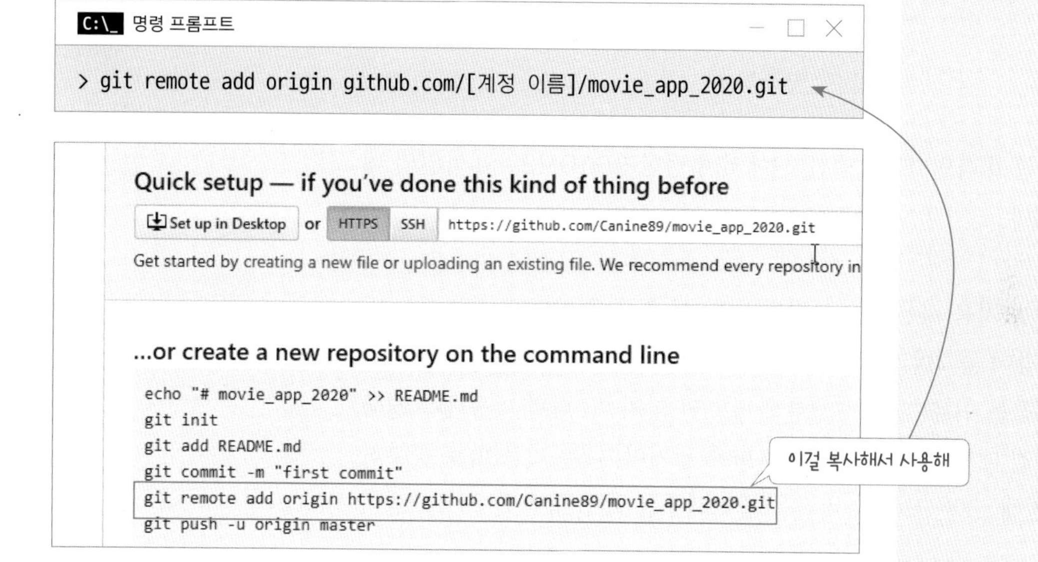

액션 05

다음 명령어를 입력하고 조금 기다리면 깃허브 저장소에 리액트 앱이 업로드될 거야.

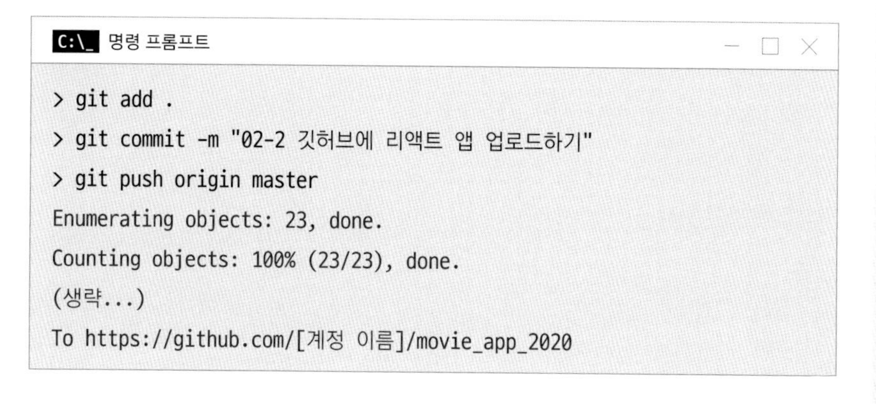

```
C:\_ 명령 프롬프트
> git add .
> git commit -m "02-2 깃허브에 리액트 앱 업로드하기"
> git push origin master
Enumerating objects: 23, done.
Counting objects: 100% (23/23), done.
(생략...)
To https://github.com/[계정 이름]/movie_app_2020
```

액션 06 깃허브 저장소 확인하기

업로드가 완료되면 깃허브 저장소 URL에 접속해 봐.

스크롤바를 좀 내리면 02-1 액션 03에서 수정한 README.md 파일의 내용도 보일 거야.

깃과 깃허브를 처음 사용하는 사람이라면 '이게 대체 어떻게 진행되는 거지?'라는 생각이 들거야. 그래도 괜찮아. 그냥 따라하면 돼. 우리가 깃과 깃허브를 사용하는 이유(깃허브에 영화 앱 배포)만 잊지 마. 다만 나중에는 결국 깃이 필요해질 때가 올거고 깃을 공부하게 될거야. 나는 깃을 따로 공부하는 것을 추천해. 깃은 코드의 버전을 관리해주는 아주 유용한 프로그램이거든.

02-3 리액트 앱 살펴보고 수정하기

create-react-app이 만들어준 기본 리액트 앱의 구조를 더 살펴볼까? 폴더, 파일 순으로 살펴볼 거야. 그리고 파일을 정리하거나 코드를 수정할 거야. 자! 시작해 보자구.

액션 01 리액트 앱 프로젝트 폴더 살펴보기

VSCode의 왼쪽 화면을 이용해서 movie_app_2020 폴더를 열어 봐. 그러면 node_modules, public, src 폴더가 보일 거야. node_module 폴더는 앞으로 만지지 않을 거야. **public, src 폴더는 앞으로 자주 만질 거니까 눈에 잘 익혀 둬.**

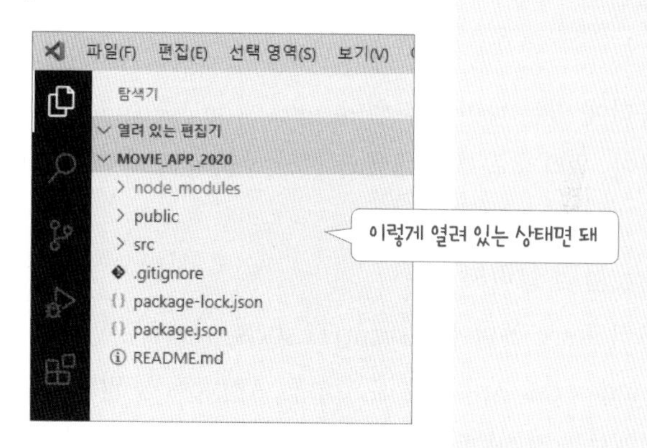

액션 02 public 폴더 살펴보기

public 폴더부터 살펴볼까? public 폴더에는 favicon.ico 파일이 있어. 이건 브라우저 제목과 함께 표시되는 아이콘이야.

.ico 파일은 파비콘이라 부르며, 사이트의 제목에 사용되는 아이콘입니다.

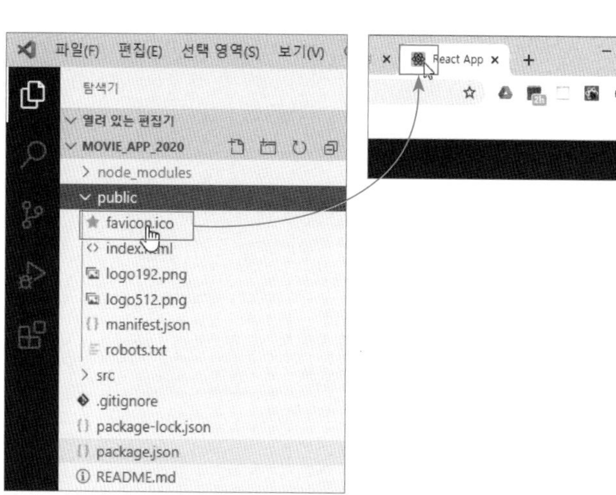

액션 03 index.html 파일 살펴보기

index.html 파일도 한번 보자. index.html 파일에는 기본 내용만 작성되어 있어. 여기는 앞으로 거의 볼 일이 없을 거야. 그냥 눈으로 훑어 보고 넘어가자.

public 폴더에 있는 나머지 파일(manifest.json, logo.png, ...)은 신경 쓰지 않아도 괜찮아. 우리가 공부할 내용과 전혀 상관 없으니 무시해도 돼.

액션 04 src 폴더 살펴보기

그리고 src 폴더에는 setupTests.js, serviceWorker.js, logo.svg, index.js, index.css, App.test.js, App.js, App.css 등 많은 파일이 들어 있어. 우리는 리액트를 기초부터 공부하기 때문에 필요 없는 파일은 삭제할 거야.

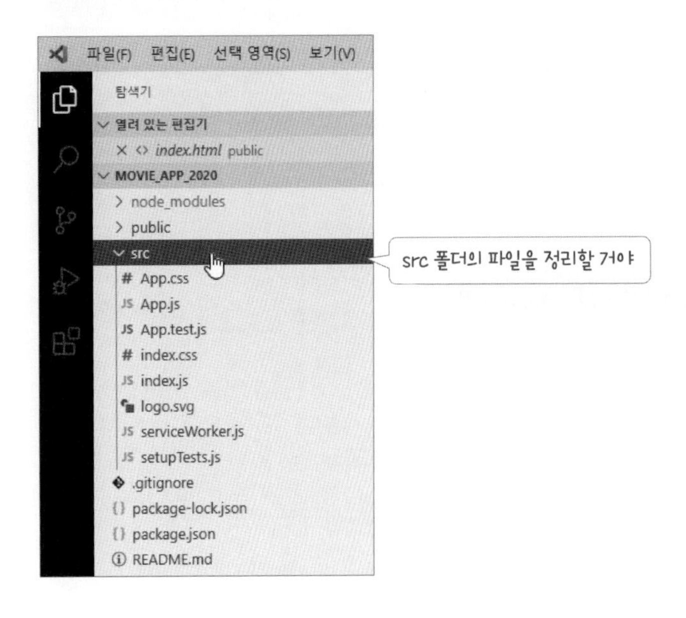

액션 05 src 폴더 정리하기

다음 그림을 참고하여 사용하지 않을 파일은 삭제하자. Ctrl을 누른 상태로 마우스로 파일을 선택한 다음 Delete를 눌러 삭제하면 돼.

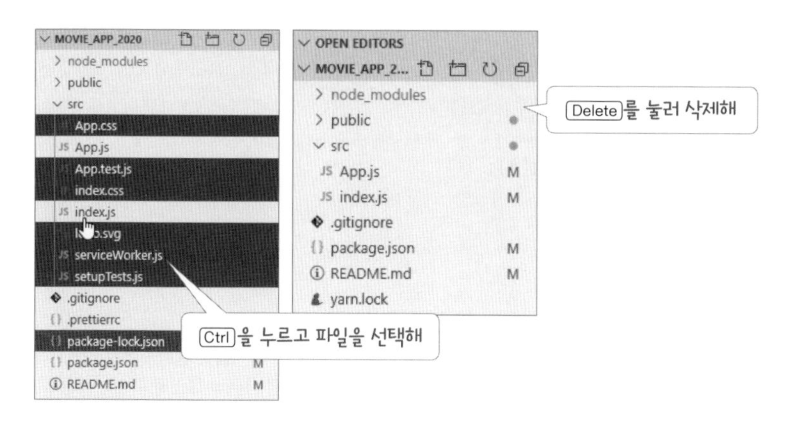

.src 폴더에 있는 App.css, App.test.js, index.css, logo.svg, serviceWorker.js, setupTests.js를 지우고 루트 폴더에 있는 package-lock.json을 지우세요.

액션 06 index.js 파일 수정하기

src 폴더의 index.js 파일을 열고 다음과 같이 삭제선으로 표시한 코드를 삭제하자. 앞으로 필요한 코드가 아니니까 걱정하지 말고 과감히 삭제해도 좋아.

수정하자 ./src/index.js

```
import React from 'react';
import ReactDOM from 'react-dom';
import './index.css';   ← 여기에 있는 삭제선도 빼먹지 말고!
import App from './App';
import * as serviceWorker from './serviceWorker';

ReactDOM.render(
  <React.StrictMode>
    <App />
  </React.StrictMode>,   ← 쉼표는 지우면 안 돼!
  document.getElementById('root')
);

// If you want your app to work offline and load faster, you can change
// unregister() to register() below. Note this comes with some pitfalls.
// Learn more about service workers: https://bit.ly/CRA-PWA
serviceWorker.unregister();
```

수정이 끝나면 다음과 같은 코드만 남을 거야.

확인하자 ./src/index.js

```
import React from 'react';
import ReactDOM from 'react-dom';
import App from './App';

ReactDOM.render(<App />, document.getElementById('root'));
```

액션 07 App.js 파일 수정하기

src 폴더의 App.js 파일을 수정하자. 삭제선으로 표시된 코드는 삭제하고, 주황색으로 표시된 코드는 새로 작성하면 돼. **소괄호나 꺽쇠 등의 기호를 실수로 지우거나 남기지 않도록 주의하고!**

App.js 파일은 리액트 앱을 실행하면 가장 먼저 나타날 화면을 구성해 주는 파일입니다.

수정하자 ./src/App.js

```
import React from 'react';
import logo from './logo.svg';
import './App.css';

function App() {
  return (                                  소괄호도 지워야 해
    <div className="App" />                 /> 표시는 꼭 입력해야 해
      <header className="App-header">
        <img src={logo} className="App-logo" alt="logo" />
        <p>
          Edit <code>src/App.js</code> and save to reload.
        </p>
        <a
          className="App-link"
          href="reactjs.org"
          target="_blank"
          rel="noopener noreferrer"
        >
          Learn React
        </a>
```

```
        </header>
      </div>
    );  ;를 지우지 않도록 조심해
}

export default App;
```

수정이 끝나면 다음과 같은 코드만 남을 거야.

확인하자 ./src/App.js

```
import React from 'react';

function App() {
  return <div className="App" />;
}

export default App;
```

액션 08 **리액트 앱 다시 실행하기**

리액트 앱을 다시 실행해 볼까?

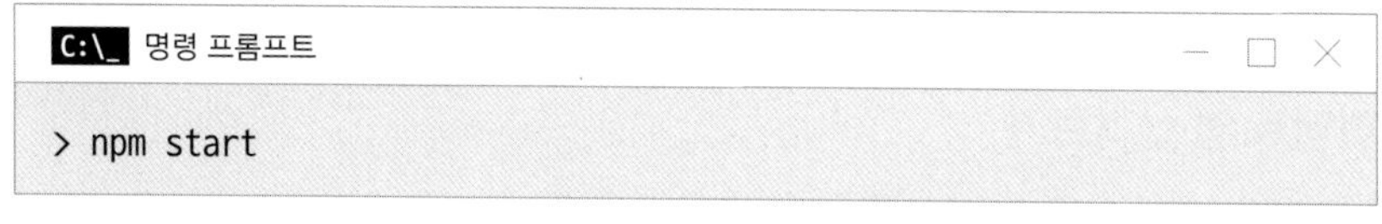

Ctrl+C를 누르면 실행 중이던 리액트 앱을 종료할 수 있습니다.

오류도 없고, 다 좋아. 하지만 화면에 아무것도 표시되지 않았어. 왜 그럴까? 그 이유는 아까 App.js 파일을 열어 화면에 표시될 코드를 모두 삭제했기 때문이야. 삭제된 내용이 곧바로 리액트 앱 실행 결과에 반영된 거지.

<div className="App" />;은 리액트 앱 화면에 아무것도 출력하지 않습니다.

액션 09 App.js 파일 수정하기

빈 화면은 좀 그러니까 인사말을 표시해 보자. 다시 App.js 파일을 열어서 코드를 변경하고 저장해 봐.

수정하자 ./src/App.js

```
import React from 'react';

function App() {
  return <div className="App" />;
  return <div>Hello!!!!!</div>;
}

export default App;
```

(첫 번째 return 줄은 취소선으로 삭제 표시됨) div 엘리먼트 사이의 문장은 아무거나 입력해도 돼

Hello!!!!!

어때? 정말이지? create-react-app으로 만든 리액트 앱은 이렇게 코드가 수정되면 그 내용을 바로 화면에 반영해 줘. 굉장하지? 그러면 이제 리액트 앱을 좀 더 자세히 살펴보자.

액션 10 크롬 개발자 도구로 리액트 앱 살펴보기

크롬 브라우저 창에서 Hello!!!!!에 마우스 커서를 놓고 오른쪽 버튼을 누른 다음 [검사]를 눌러서 크롬 브라우저 개발자 도구를 실행해. 그런 다음 [Elements] 탭을 눌러.

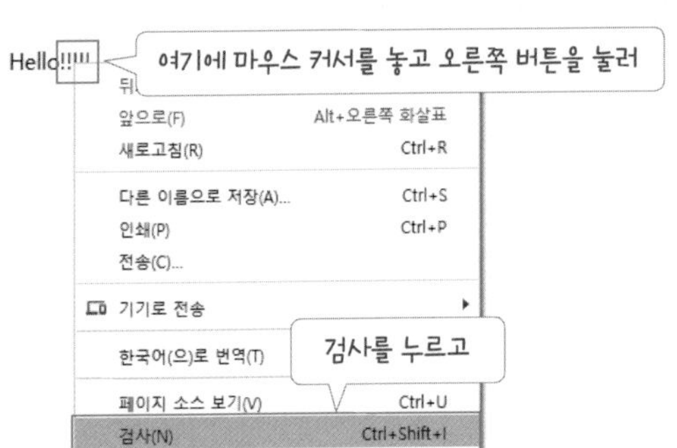

Hello!!!!! 위에 마우스 커서를 정확히 올려야 제대로 [Elements] 탭이 열립니다.

그러면 앞에서 App.js 파일에 입력한 코드(<div>Hello!!!!!</div>)를 볼 수 있어. 전체 코드를 보면 index.html 파일과 App.js 파일이 합쳐진 것 같네. 정말 그럴까? index.html 파일을 열어 보자.

액션 11 Hello!!!!!가 화면에 어떻게 표시되는지 살펴보기

public 폴더의 index.html 파일을 열어서 body 엘리먼트 주변을 살펴보자.

확인하자 ./public/index.html

```
<!DOCTYPE html>
(생략...)
  <body>
   <noscript>You need to enable JavaScript to run this app.</noscript>
    <div id="root"></div>   여기에 아무 것도 없어서 당황했어? 정상이야.
    (생략...)
  </body>
</html>
```

<div id="root">와 </div> 사이에 아무것도 없네! 그런데 액션 10에서는 이 공간에 코드가 들어 있었어. 어떻게 된 걸까? 02-4에서 그 이유를 알아볼 거야.

02-4 리액트 동작 원리 알아보기

리액트가 어떻게 동작하는지 원리를 알아볼 시간이야. 여기를 공부하면 왜 〈div id="root"〉와 〈/div〉 사이가 비어 있었는지 알 수 있을 거야. 리액트는 우리가 작성한(또는 수정한) 프로젝트 폴더에 있는 코드를 자바스크립트를 이용하여 해석해. 그리고 해석한 결과물을 index.html로 끼워 넣어. 그림으로 표현하면 이런 느낌일 거야.

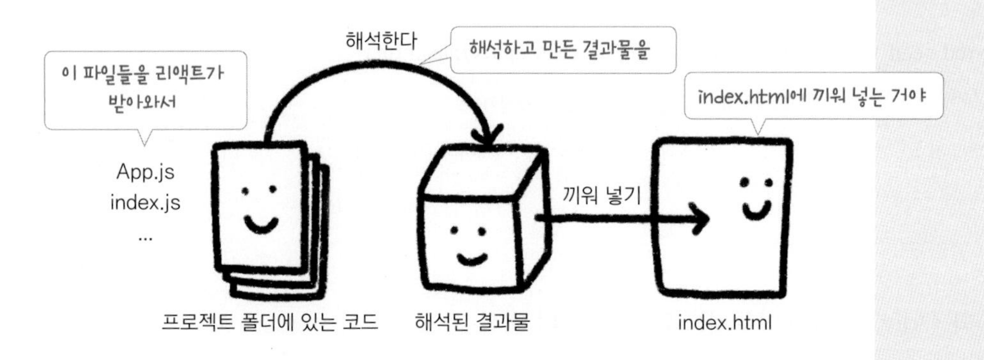

그래서 index.html 파일에 없던 〈div〉Hello!!!!!〈/div〉가 리액트 앱을 실행하면 생기는 거야. 조금 더 자세히 이야기해 볼까? 리액트는 index.html의 〈div id="root"〉〈/div〉 중간에 넣을 결과물을 프로젝트 폴더에 있는 파일(App.js, ...)을 해석하여 만들어 넣는 역할을 담당해. 정말 그럴까? 실습을 통해 확인해 보자.

액션 01 index.js 살펴보기

index.js를 다시 열어 보자. 그리고 ReactDOM.render(...)라고 표시된 부분을 보자.

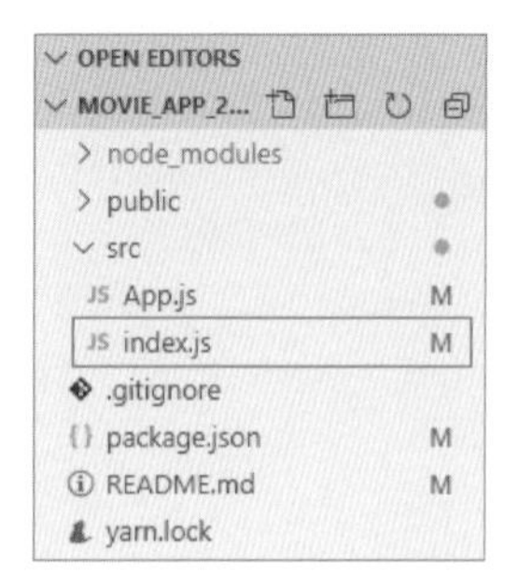

확인하자 ./src/index.js

```
import React from 'react';
import ReactDOM from 'react-dom';
import App from './App';

ReactDOM.render(<App />, document.getElementById('root'));
```

App 컴포넌트를

그린다고 생각하면 돼

아이디가 'root'인 엘리먼트에

여기서 주목해야 할 코드는 ReactDOM.render(〈App /〉, document.getElementById ('root'))야. 이 코드가 바로 App.js 파일에 작성한 코드를 index.html의 아이디가 'root'인 엘리먼트에 넣어 주는 거지. 정말 그럴까?

액션 02 index.html 수정해 보기

index.html 파일을 열어서 〈div id="root"〉〈/div〉을 〈div id="potato"〉〈/div〉로 바꿔 보자.

<App />을 아이디가 'root'인 엘리먼트에 그리려는데 아이디가 'root'에서 'potato'로 바뀌었으므로 오류가 발생한 것입니다.

수정하자 ./public/index.html

```
  (생략...)
  <body>
    <noscript>You need to enable JavaScript to run this app.</noscript>
    <div id="potato"></div>
    (생략...)
  </body>
</html>
```

큰따옴표를 지우지 않도록 주의하고

이렇게 하면 아이디가 "potato"로 바뀌니까 앱이 실행되지 않을 거야. 그러면 리액트 앱을 다시 실행해 보자.

```
C:\_ 명령 프롬프트
> npm start
```

```
Error: Target container is not a DOM element.
render
C:/Users/canine/Desktop/MyDesk/Dev/React/movie_app_2020/node_modules/react-dom/cjs/react-dom.development.js:24862
Module../src/index.js
C:/Users/canine/Desktop/MyDesk/Dev/React/movie_app_2020/src/index.js:7
   4 | import App from './App';
   5 | import * as serviceWorker from './serviceWorker';
   6 |
>  7 | ReactDOM.render(<App />, document.getElementById('root'));
   8 |
   9 | // If you want your app to work offline and load faster, you can change
  10 | // unregister() to register() below. Note this comes with some pitfalls.
View compiled
```

예상한 대로야. index.js의 ReactDOM.render(...)에서 document.getElementById('root')는 아이디가 'root'인 엘리먼트를 찾을 텐데, index.html에는 더 이상 아이디가 'root'인 엘리먼트가 없으니 오류가 발생한 거지.

액션 03 index.js 수정하여 오류 해결하기

index.html에서 수정한 코드에 맞춰 index.js 파일의 document.getElementById('root')를 document.getElementById('potato')로 수정해 보자.

수정하자 ./src/index.js

```
import React from 'react';
import ReactDOM from 'react-dom';
import App from './App';

ReactDOM.render(<App />, document.getElementById('potato'));
```

그러면 다시 리액트 앱이 정상으로 작동할 거야. 리액트는 index.js에 있는 ReactDOM.render( )를 통해 App.js에 있는 <div>Hello!!!!!</div>를 index.html에 넣어줘. 이 방식은 리액트가 화면을 빠르게 그릴 수 있게 해주는 장점도 있어. 다음 그림을 보면서 이 원리를 설명해 줄게.

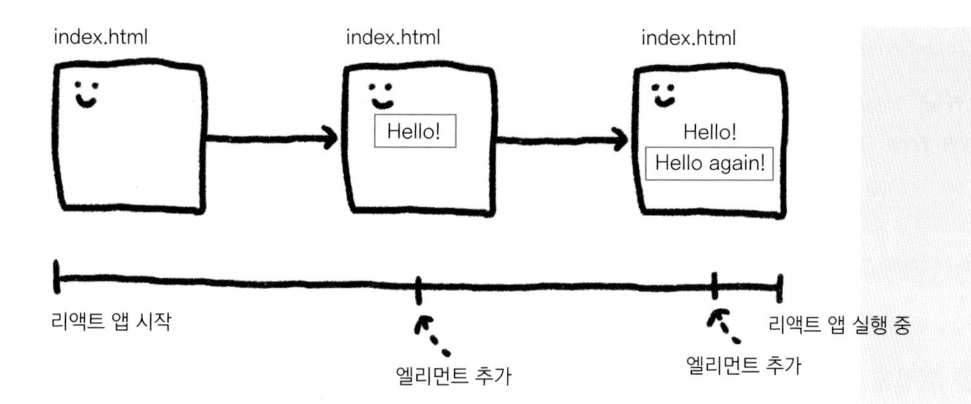

가장 왼쪽은 빈 index.html이고 오른쪽은 App.js를 해석하며 점점 채워지는 index.html이야. 그림에서 보듯 리액트는 처음부터 모든 HTML을 그려 넣지 않아. 일부 HTML만 그리고(지금의 경우는 그냥 비어 있는 HTML) 이후 엘리먼트를 추가하거나 제거하는 방식으로 화면을 그리지. 리액트는 화면에 표시될 모든 HTML을 처음부터 그리지 않으니까 빠른 거야.

액션 04 파일 원래대로 돌려놓기

이제 index.html과 index.js에서 수정했던 'potato'를 'root'로 다시 바꾸자. 확장자 .html과 .js를 헷갈리면 안 돼.

수정하자 ./public/index.html

```
  (생략...)
  <body>
    <noscript>You need to enable JavaScript to run this app.</noscript>
     <div id="root"></div>
     (생략...)
  </body>
</html>
```

여기!와

수정하자 ./src/index.js

```
import React from 'react';
import ReactDOM from 'react-dom';
import App from './App';

ReactDOM.render(<App />, document.getElementById('root'));
```

여기를 수정해

리액트의 화면을 수정해 보면서 리액트의 기본 동작 원리를 알아봤어. 리액트가 처음이라면 조금 힘들겠지만! 침착하게 조금만 더 살펴보면 그다지 어려운 내용이 아님을 깨달을 수 있을 거야. 자! 계속해서 클론 코딩을 진행해 보자.

리액트 기초 개념 알아보기

지금까지 리액트를 시작하기 위한 배경 지식과 준비 과정을 알아봤어. 이제 본격적으로 리액트로 앱을 만들어 봐야겠지? 리액트로 앱을 만들려면 반드시 알아야 할 기초 개념이 있어. **바로 컴포넌트, JSX, props야**. 이 3가지 개념을 꼭 알아야 리액트 앱을 잘 만들 수 있어. 크게 어려운 내용은 아니니까 천천히 함께 나아가 보자.

노마드 코더 니꼬샘의 강의 보러가기

JSX & props • https://youtu.be/POP_pXZwvDg

```
import React from "react";

function Potato() {
  return <h1>I like Potato</h1>;
}

function App() {
  return (
    <div>
      <h1>Hello</h1>
      <Potato />
    </div>
```

03-1 리액트 앱 실행 복습하기

리액트 기초 개념을 공부하기 전에 create-react-app으로 만든 리액트 앱을 수정하고 실행하는 방법을 복습할 거야. 초보 리액트 개발자라면 실수하기 쉬운 작업이 있거든. 자, 그럼 리액트 앱을 다시 실행해 보자.

액션 01 리액트 앱 다시 실행하기

이 파일로 실습을 시작해 보세요
클론 스타터 키트
clone-starter-kit-02.zip

리액트 앱을 어떻게 실행했지? 터미널에서 리액트 앱의 루트 폴더(/movie_app_2020)로 이동한 다음, npm start라는 명령어를 입력하면 자동으로 크롬 브라우저가 켜지면서 리액트 앱이 실행됐지?

```
C:\_ 명령 프롬프트
> npm start
```

이때 터미널을 종료하면 안 돼. 터미널이 유지돼야 리액트 앱의 실행이 유지되거든. 터미널을 종료하면 리액트 앱이 종료되거든. 터미널을 종료하면 리액트 앱이 종료되니까 코드를 수정하고 저장해도 크롬 브라우저에 반영되지 않겠지.

액션 02 터미널 종료하고 크롬 브라우저 새로 고침 하기

리액트 앱을 실행했던 터미널을 종료하고 크롬 브라우저를 새로 고침 해봐.

그러면 오류 화면이 나타날 거야. 강의하면서 이런 현상 때문에 질문을 자주 받았어. 그래서 이 과정을 복습하는 거야. 앞으로 이 화면이 나타나면 터미널을 나도 모르게 종료한 것은 아닌지 확인해 봐.

액션 03 리액트 앱 다시 실행하고 코드 수정하기

리액트 앱을 다시 실행하고 App.js 파일을 열어 수정하고 저장하자.

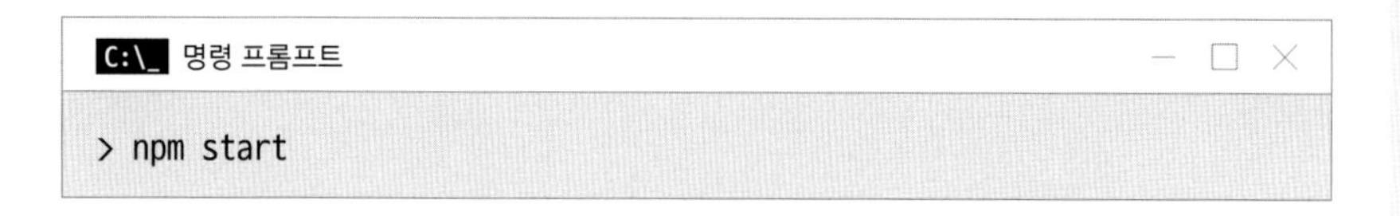

App( ) 함수의 반환값이 많아지면 소괄호로 감싸야해. 소괄호를 입력하고, h1 엘리먼트를 추가하고, 느낌표를 지우자.

소괄호를 지우는 실수를 하기 쉬우므로 코드 수정 시 주의하세요.

수정하자 ./src/App.js

```
import React from 'react';

function App( ) {
  return (
    <div>
      <h1>Hello!!!!!</h1>
    </div>
  );
}

export default App;
```

코드를 수정한 결과가 웹 브라우저에 잘 반영되었는지 확인해 보자. 오류가 없고, Hello!!!!!가 Hello로 바뀌면(h1 스타일로 바뀌고) OK야. 이 방법을 계속 반복하면서 영화 앱을 클론 코딩할 거야.

결과 화면은 직접 확인해 보세요. 할 수 있죠?

03-2 첫 번째 리액트 기초 개념: 컴포넌트

이제 리액트의 기초 개념인 컴포넌트(Component)를 알아볼 거야. 사실 우리는 이미 컴포넌트를 사용 중이야. 그러면 코드를 보면서 컴포넌트가 무엇이고, 어떻게 사용하는지 알아보자.

액션 01 App.js 파일로 컴포넌트의 정의 알아보기

App.js 파일을 열고 App() 함수와 App() 함수가 반환하는 값을 보자.

확인하자 ./src/App.js

```
import React from 'react';

function App( ) {          // App 컴포넌트를 정의했고
  return (
    <div>
      <h1>Hello</h1>       // App 컴포넌트는 HTML을 반환하고 있어.
    </div>
  );
}

export default App;
```

App() 함수가 정의되어 있고, 이 함수가 <div><h1>Hello</h1></div>를 반환하고 있네. 이것이 바로 App 컴포넌트를 정의한 거야. App() 함수가 반환한 HTML이 리액트 앱 화면에 그려지는 거지. 이 과정을 자세히 알아보자.

액션 02 index.js 파일로 컴포넌트의 사용 알아보기

index.js 파일을 다시 한번 열어 보자. 그리고 <App />이라고 입력한 내용에 집중해.

확인하자 ./src/index.js

```
import React from 'react';
import ReactDOM from 'react-dom';
import App from './App';  ← 이게 바로 App 컴포넌트를 임포트하여 사용한 거야

ReactDOM.render(<App />, document.getElementById('root'));
```

App 컴포넌트 생김새가 마치 HTML 태그 같네. 그렇지? 하지만 HTML에는 저런 태그가 없어. 실제로 〈App /〉은 HTML의 태그가 아니기도 하고. 〈App /〉을 ReactDOM.render( ) 함수의 첫 번째 인자로 전달하면 App 컴포넌트가 반환하는 것들을 화면에 그릴 수 있어. App 컴포넌트가 그려질 위치는 ReactDOM.render( ) 함수의 두 번째 인자로 전달하면 돼. 함수를 그대로 해석해서 'App 컴포넌트는 아이디가 root인 엘리먼트에 그려질 것이다.' 정도로 이해하면 돼. 아이디가 root인 엘리먼트는 index.html에 있는데 이것도 곧 살펴볼게.

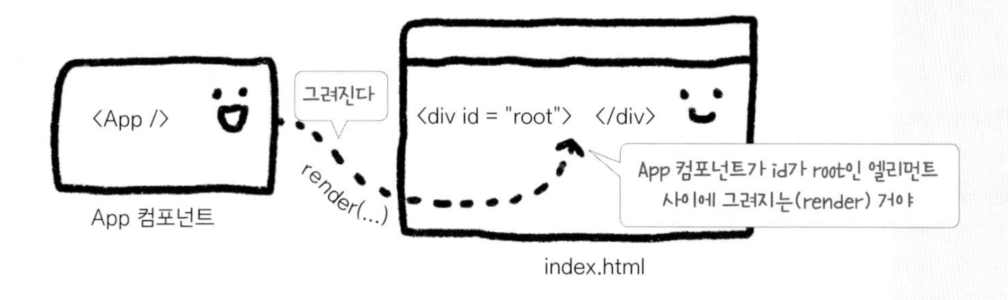

리액트는 〈App /〉과 같은 표시를 컴포넌트로 인식하고, 그 컴포넌트가 반환하는 값을 화면에 그려 줘. 그래서 컴포넌트를 사용할 때 〈App /〉가 아니라 App이라고 입력하면 오류가 발생할 거야.

여기서 집중할 내용은 리액트는 컴포넌트와 함께 동작하고, 리액트 앱은 모두 컴포넌트로 구성된다는 거야. 그러니 앞으로 영화 앱을 클론 코딩할 때는 컴포넌트를 많이 만들고 또 사용할 거야. 클론 코딩 수업을 진행하다 보면 '컴포넌트'는 여러분이 좋아하는 단어가 될 거야. 그리고! 컴포넌트를 정의하거나 사용할 때는 그냥 모두 '컴포넌트'라고 부를 거야.

03-3 두 번째 리액트 기초 개념: JSX

우리는 아직 컴포넌트를 만든 적이 없어. 컴포넌트는 어떻게 만들까? 컴포넌트는 자바스크립트와 HTML을 조합한 JSX라는 문법을 사용해서 만들어. 하지만 JSX는 새로운 문법은 아니야. 왜냐고? JSX는 HTML과 자바스크립트를 조합한 거니까. 그래서 JSX 문법은 따로 설명하지 않을 거야. 컴포넌트를 만들다 보면 자연스럽게 JSX 문법을 어떻게 사용해야 하는지 알게 될 거니까. 그러면 당장 JSX로 컴포넌트를 만들어 볼까? 이번에 만들 컴포넌트의 이름은 감자(Potato)야.

App 컴포넌트는 create-react-app이 자동으로 만들어 주는 기본 컴포넌트입니다.

액션 01 Potato 컴포넌트 만들기

src 폴더 안에 Potato.js라는 이름의 새 파일을 만들어. 파일 이름에서 첫 번째 글자는 반드시 대문자로 하고, 파일을 열고 맨 위에 import React from 'react';를 입력해.

```
src
  App.js      M
  index.js    M
  Potato.js   U
```

새로 만들자 ./src/Potato.js

```
import React from 'react';
```

이 코드를 입력해야 리액트가 JSX를 이해할 수 있어. 이제 컴포넌트를 정의하면 돼.

액션 02

다음과 같이 Potato( ) 함수를 작성해 보자. 몇 줄 안 되니까 금방 따라 할 수 있을 거야.

수정하자 ./src/Potato.js

```
import React from 'react';
function Potato( ) {
}
```

니꼬샘은 아무 이름이 없는 컴포넌트를 만들 때 Potato라는 단어를 자주 사용합니다.

Potato 컴포넌트의 기본 틀이 완성되었어. 컴포넌트를 작성할 때 **중요한 규칙은 이름은 대문자로 시작해야 한다는 점이야.** 이제 컴포넌트가 반환할 값을 입력하면 돼. 이때 컴포넌트가 반환할 값은 JSX로 작성해.

액션 03 다음을 참고하여 Potato 컴포넌트가 JSX를 반환하도록 만들자.

수정하자 ./src/Potato.js

```
import React from 'react';

function Potato( ) {
  return <h3>I love potato</h3>;
}
```

HTML이 아니라 JSX야

아직 자바스크립트를 조합하지 않았을 뿐, Potato( ) 함수는 JSX를 반환하고 있습니다.

액션 04 이제 마지막이야. 마지막 줄에 export default Potato;를 추가해.

수정하자 ./src/Potato.js

```
import React from 'react';

function Potato( ) {
  return <h3>I love potato</h3>;
}

export default Potato;
```

export default Potato;를 추가하면 다른 파일에서 Potato 컴포넌트를 사용할 수 있어. 그래서 추가한 거야. 자! Potato 컴포넌트를 완성했어! 이제 완성한 컴포넌트를 사용해 보자.

액션 05 Potato 컴포넌트 사용하기

index.js 파일을 열어서 Potato 컴포넌트를 어떻게 사용할지 잠시 코드를 살펴보자.

확인하자 ./src/index.js

```
import React from 'react';
import ReactDOM from 'react-dom';
import App from './App';

ReactDOM.render(<App />, document.getElementById('root'));
```

여기에 <Potato />로 추가해 볼까?

App 컴포넌트가 사용된 부분에 Potato 컴포넌트를 추가하면 될 것 같은데? 한번 시도해 볼까?

액션 06

코드를 다음과 같이 수정하고 저장해 보자.

수정하자 ./src/index.js

```
import React from 'react';
import ReactDOM from 'react-dom';
import App from './App';

ReactDOM.render(<App /><Potato />, document.getElementById('root'));
```

여기를 수정하면 돼

```
Failed to compile

./src/index.js
  Line 5:24:  Parsing error: Adjacent JSX elements must be wrapped in an enclosing tag. Did you want a JSX fragment <>...</>?

  3 | import App from './App';
  4 |
> 5 | ReactDOM.render(<App /><Potato/>, document.getElementById('root'));
    |                       ^
  6 |

This error occurred during the build time and cannot be dismissed.
```

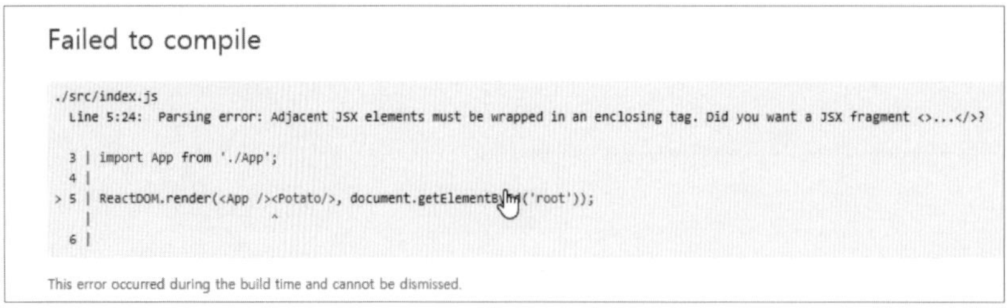

웁스! 오류가 발생하네. 오류 메시지를 읽어 보면 '인접한 JSX 요소는 반드시 하나의 태그로 감싸야 합니다.'라고 말하고 있어. 리액트는 최종으로 단 한 개의 컴포넌트를 그려야 하는데 지금은 두 개의 컴포넌트를 그리려 해서 오류가 발생한 거야. 그러니 Potato 컴포넌트는 App 컴포넌트 안에 넣어야 해. 컴포넌트를 컴포넌트 안에 넣는다는 말이 좀 어색하지? 곧 알게 될 거야.

액션 07 index.js 파일을 원래대로 돌려놓자. 〈Potato /〉를 삭제해.

수정하자 ./src/index.js

```
import React from 'react';
import ReactDOM from 'react-dom';
import App from './App';

ReactDOM.render(<App /><Potato />, document.getElementById('root'));
```

이제 Potato 컴포넌트를 App 컴포넌트에서 사용할 수 있도록 임포트해 보자.

액션 08 App 컴포넌트에 Potato 컴포넌트 임포트하기

다음과 같이 수정하면 App 컴포넌트에 Potato 컴포넌트를 임포트할 수 있어.

수정하자 ./src/App.js

```
import React from 'react';
import Potato from './Potato';   ./는 현재 파일이 있는 폴더라는 뜻이야

function App( ) {
  return (
    <div>
      <h1>Hello</h1>
    </div>
  );
}

export default App;
```

./는 현재 파일이 있는 폴더를 의미하고 ../는 현재 파일이 있는 상위 폴더를 의미합니다.

import Potato from './Potato';에서 ./는 같은 경로(폴더)라는 것을 의미해. Potato.js와 App.js는 같은 폴더에 있잖아? 그래서 ./을 사용해서 Potato 컴포넌트를 임포트할 수 있는 거야. 이제 우리는 App 컴포넌트에 Potato 컴포넌트를 포함시켜 사용할 거야.

액션 09 App 컴포넌트가 반환할 값으로 <Potato />를 추가해. 코드를 수정하고 저장한 다음 결과를 확인해 보자.

수정하자 ./src/App.js

```
import React from 'react';
import Potato from './Potato';

function App( ) {
  return (
    <div>
      <h1>Hello</h1>
      <Potato />
    </div>
  );
}

export default App;
```

여기에 1줄 추가하면 돼

Hello

I love potato

어때? App 컴포넌트에 JSX로 작성한 <div><h1>Hello</h1></div>와 <Potato />가 Hello, I love potato로 출력되었어. <Potato />는 어떻게 출력된 걸까? 개발자 도구에서 확인해 보자.

액션 10 개발자 도구에서 Potato 컴포넌트 살펴보기

크롬 개발자 도구를 실행한 다음 [Element] 탭을 열어 코드를 살펴보자. body 엘리먼트 왼쪽에 있는 ▶ 표시가 보이지? 그걸 누르면 아래와 같이 코드를 펼쳐 볼 수 있어.

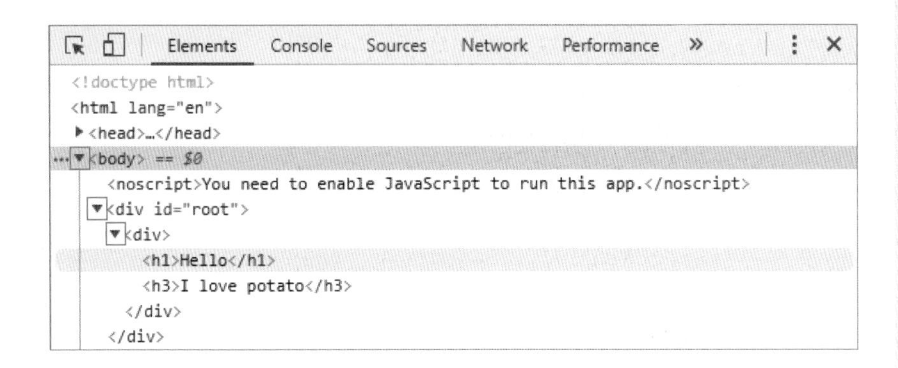

리액트가 〈Potato /〉를 해석해서 〈h3〉I love potato〈/h3〉로 만들었네. 굉장하지? 이게 컴포넌트와 JSX가 리액트에서 동작하는 방식이야. 컴포넌트는 JSX로 만들고, JSX는 자바스크립트와 HTML을 조합한 문법을 사용한다는 말이 이제 약간 이해가 되지? 다음 실습으로 넘어가기 전에 파일을 정리하자.

액션 11 Potato.js 파일 삭제하고 App.js 파일 수정하기

Potato.js 파일을 삭제하고 App.js 파일에서 Potato 컴포넌트를 import하는 코드를 지우자.

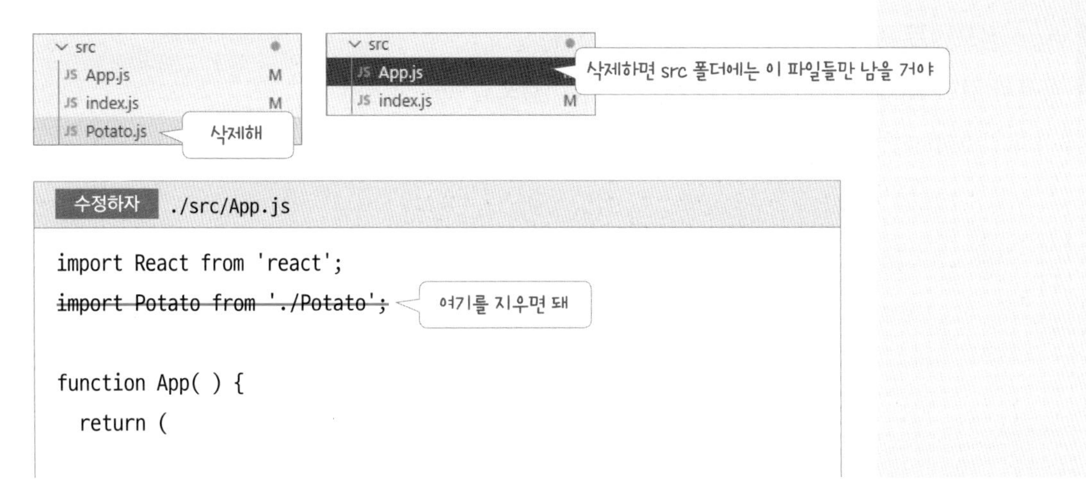


```
import React from 'react';
import Potato from './Potato';

function App( ) {
  return (
```

```
    <div>
      <h1>Hello</h1>
      <Potato />
    </div>
  );
}

export default App;
```

```
Failed to compile

./src/App.js
  Line 7:8:  'Potato' is not defined  react/jsx-no-undef

Search for the keywords to learn more about each error.

This error occurred during the build time and cannot be dismissed.
```

액션 11을 진행하면 오류 메시지가 나타날 거야. 오류 메시지의 내용은 'App.js 파일에 Potato라는 것이 정의되지 않아서 컴파일에 실패했다'는 내용이야. 아까 Potato.js 파일을 삭제하고, App.js 파일에서 import Potato from './Potato';를 지웠지? 하지만 여전히 App.js 파일에서는 Potato 컴포넌트를 사용하고 있어. 그러니 오류가 발생한 거지.
이제 이 오류를 해결하기 위해 App.js 파일 안에 Potato 컴포넌트를 만든 다음 Potato 컴포넌트를 사용해 보자.

액션 12 App 컴포넌트 안에 Potato 컴포넌트 만들기

다음과 같이 App 컴포넌트를 수정해서 Potato 컴포넌트를 만들어 보자. 별거 없어 App.js 파일에 Potato() 함수를 만들면 돼.

수정하자 ./src/App.js

```
import React from 'react';

function Potato( ) {
  return <h1>I like potato</h1>;
}

function App( ) {
  return (
    <div>
      <h1>Hello</h1>
      <Potato />
    </div>
  );
}

export default App;
```

Hello

I like potato

파일을 저장하면 리액트 앱이 다시 정상으로 작동할 거야. App.js 파일 안에 Potato 컴포넌트를 만들었고, Potato 컴포넌트를 App 컴포넌트 안에서 사용했어. 왜 App.js 파일에 Potato 컴포넌트를 포함시키는지 궁금할 거야. 그냥 내가 여러 파일을 이동하며 코드 작업을 하기 싫어서 그래. 2개의 파일을 이동하면서 강의하는 게 불편하기도 하고. 앞으로 짧은 코드로 작성할 수 있는 컴포넌트는 모두 App 컴포넌트 안에 작성할 거야. 별로 어렵지 않지? 이제 파일이 준비되었으니 다음 개념을 공부해 보자.

03-4 세 번째 리액트 기초 개념: props

이제 props라는 개념을 배울 차례야. props는 간단히 말하자면 컴포넌트에서 컴포넌트로 전달하는 데이터를 말해. 다들 함수의 매개변수라는 개념을 알고 있을 거야. 매개변수를 이용하면 함수를 효율적으로 재사용할 수 있지? 컴포넌트의 props도 비슷해. props를 사용하면 컴포넌트를 효율적으로 재사용할 수 있어.

props는 리액트 컴포넌트로 넘어가는 매개변수입니다.

함수의 매개변수가 무엇인지 궁금하다면 ko.javascript.info/function-basics#ref-531을 읽어 보세요.

액션 01 컴포넌트 여러 개 사용해 보기

만약 우리가 만든 영화 앱에 영화 목록이 있고, 그 영화 목록을 컴포넌트로 표현한다고 해보자. 그런 상황을 가정하기 위해 Potato 컴포넌트의 이름을 Movie로 바꿔 보자.

수정하자 ./src/App.js

```
import React from 'react';

function Movie( ) {    // 컴포넌트를 정의할 때의 이름과
  return <h1>I like potato</h1>;
}

function App( ) {
  return (
    <div>
      <h1>Hello</h1>
      <Movie />    // 컴포넌트를 사용할 때의 이름을 모두 바꿔야 해
    </div>
  );
}

export default App;
```

Movie 컴포넌트 1개가 영화 목록 1개라고 생각해 봐. 만약 영화 목록을 20개 그리려면 어떻게 해야 할까? Movie 컴포넌트를 여러 개 늘어 놓으면 될까?

액션 02 다음과 같이 Movie 컴포넌트를 20개 복사해서 붙여 넣어 봐.

아직 영화 앱을 만드는 단계는 아니라서 출력 문장까지 수정할 필요는 없어요.

수정하자 ./src/App.js

```
import React from 'react';

function Movie( ) {
  return <h1>I like potato</h1>;
}

function App( ) {
  return (
    <div>
      <h1>Hello</h1>
      <Movie />
      <Movie />
      (이후 16개의 Movie 컴포넌트 입력 생략...)
      <Movie />
      <Movie />
    </div>
  );
}

export default App;
```

좀 비효율적이라 생각해도 일단 해봐

앱을 실행하면 I like potato가 20개 출력될 거야. 그리고 이미 느꼈겠지만... 이런 코드를 작성하다 보면 좀 비효율적이라는 생각이 들 거야. 왜냐하면 Movie 컴포넌트 20개를 손으로 직접 입력하고 있으니까. 또 20개의 Movie 컴포넌트가 20개나 되는데 출력하는 값이 모두 I like potato로 같다는 것도 문제야. 컴포넌트가 서로 다른 값을 출력해야 영화 앱의 영화 목록

Hello
I like potato
I like potato
I like potato
I like potato
I like potato
I like potato
I like potato
I like potato

을 구현할 수 있을 텐데 말이지. 그래서 컴포넌트로 데이터를 보내는 방법을 배워야 해. 그 방법이 props야.

액션 03 props로 컴포넌트에 데이터 전달하기

컴포넌트의 이름을 Movie에서 Food로 변경하자. 그리고 Movie 컴포넌트는 모두 삭제하자.

아주 잠시만 음식을 주제로 리액트 앱을 만들 거예요.

수정하자 ./src/App.js

```
import React from 'react';

function Food( ) {
  return <h1>I like potato</h1>;
}

function App( ) {
  return (
    <div>
      <h1>Hello</h1>
      <Food />
      <Movie />
      <Movie />
      (생략...)
      <Movie />
      <Movie />
    </div>
  );
}

export default App;
```

아직 영화 데이터를 다루지 않으니까 잠시 음식을 주제로 리액트 앱을 만들어 볼 거야. 그냥 음식 앱이라고 부를게. 아무튼! props는 컴포넌트로 데이터를 보낼 때 사용할 수 있다고 했지? 이제 props를 이용하여 Food 컴포넌트에 데이터를 보낼 거야.

액션 04 <Food />를 <Food fav="kimchi" />로 수정해 보자.
fav props의 값으로 "kimchi"를 추가하는 거야. 그럼 다음과 같이 되겠지?

수정하자 ./src/App.js

```
import React from 'react';

function Food( ) {
  return <h1>I like potato</h1>;
}

function App( ) {
  return (
    <div>
      <h1>Hello</h1>
      <Food fav="kimchi" />   fav는 favorite의 줄임 말이야
    </div>
  );

}

export default App;
```

"kimchi"를 "김치", "감자", "김밥" 등으로 바꿔봐도 좋아요.

이게 바로 props를 이용하여 Food 컴포넌트에 데이터를 보내는 방법이야. Food 컴포넌트에 사용한 props의 이름은 fav이고, fav에 "kimchi"라는 값을 담아 Food 컴포넌트에 보낸 거지.

props에는 불리언 값(true, false), 숫자, 배열과 같은 다양한 형태의 데이터를 담을 수 있어. **여기서 주의할 점은 'props에 있는 데이터는 문자열인 경우를 제외하면 모두 중괄호({ })로 값을 감싸야 한다는 점'**이야. 정말 그럴까? 예제 코드를 작성해 보자.

액션 05 Food 컴포넌트에 props 전달하기

다음과 같이 Food 컴포넌트에 something, papapapa props를 추가해 봐. 그리고 수정한 파일을 저장해.

수정하자 ./src/App.js

```
(생략...)
      <Food fav="kimchi" something={true} papapapa={['hello', 1, 2,
3, 4, true]} />
(생략...)
```

리액트 앱 실행에 전혀 문제가 없지? 코드에서 보듯 문자열이 아닌 값인 true와 ['hello', 1, 2, ...] 배열은 중괄호로 감싸 전달하고 있어. 이 사실을 기억하고 넘어가자.

액션 06

액션 05를 마친 상태에서 파일을 저장하여 리액트 앱을 실행해 보자.

> 아무 변화가 없는 이유는 곧 알게 될 거예요.

```
Hello

I like potato
```

그러면 아마 아무런 변화가 없을 거야(kimchi라는 값이 보이거나 하지 않을 거야). 왜 그럴까? Food 컴포넌트에 props 보내기만 했을 뿐 아직 사용하지 않았기 때문이야. 그럼 Food 컴포넌트에서 props를 사용하려면 어떻게 해야 할까?

액션 07 props 사용하기

일단 Food 컴포넌트의 인자로 전달된 props를 출력해 보자. Food 컴포넌트의 인자인 props는 potato로 바꿔도 돼.

수정하자 ./src/App.js

```
import React from 'react';

function Food(props) {
  console.log(props);
  return <h1>I like potato</h1>;
}

function App( ) {
  return (
    <div>
      <h1>Hello</h1>
       <Food fav="kimchi" something={true} papapapa={['hello', 1, 2, 3, 4, true]} />
    </div>
  );
}

export default App;
```

props에 fav, something, papapapa props가 넘어올 거야

Food( ) 함수의 첫 번째 인자에는 props가 넘어옵니다.

문자열을 제외한 값은 반드시 중괄호에 감싸야 합니다.

리액트 앱 화면은 여전히 아무런 변화가 없을 거야. console.log( ) 함수는 개발자 도구의 [Console] 탭에만 영향을 주는 함수니까.

액션 08 개발자 도구를 실행해서 [Console] 탭을 눌러 보자.

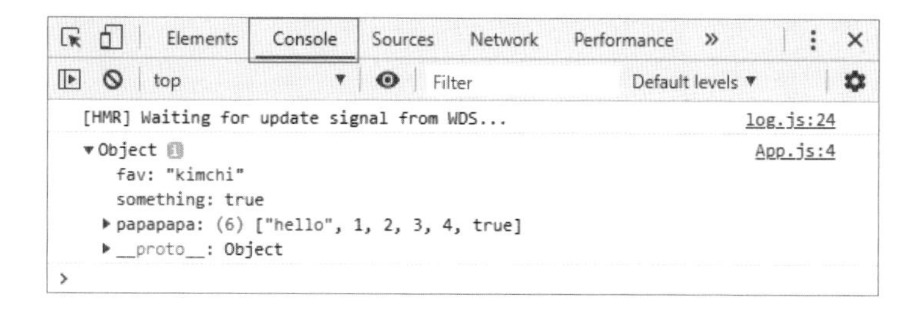

Food 컴포넌트에 전달한 props(fav, something, papapapa)를 속성으로 가지는 객체(Object)가 출력되었네. 다음과 같은 과정으로 props가 전달된 거야.

fav, something, papapapa의 값이 Food 컴포넌트의 첫 번째 인자로 전달되는 과정을 보세요.

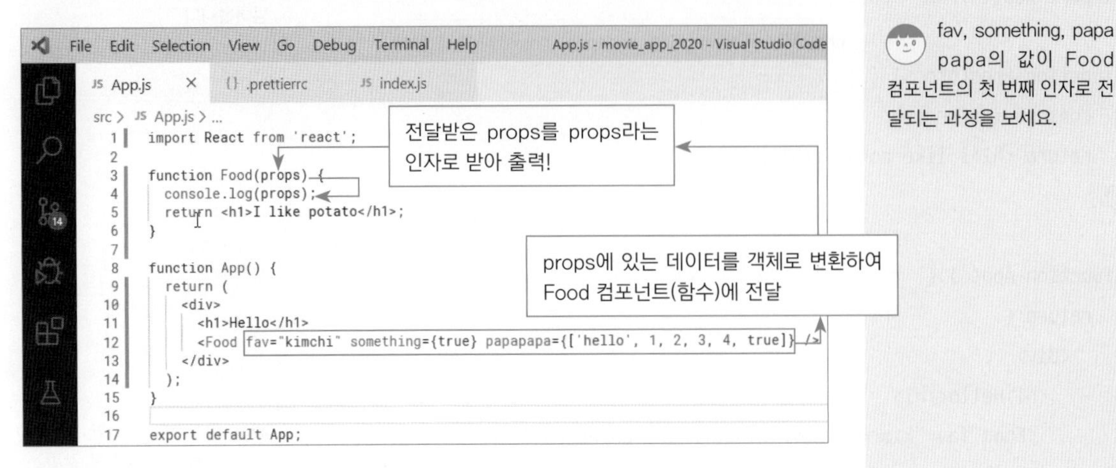

어때. 마법 같지 않아? props를 사용하면 컴포넌트에 데이터를 쉽게 전달할 수 있겠네. 한 번만 더 실습해 보자.

액션 09 props 다시 한 번 사용하기

코드를 다음과 같이 수정해보자. something, papapapa props는 사용하지 않을 거니까 지우면 돼.

수정하자 ./src/App.js

```
import React from 'react';

function Food(props) {
  console.log(props);
  return <h1>I like potato</h1>;
}

function App( ) {
  return (
    <div>
      <h1>Hello</h1>
       <Food fav="kimchi" something={true} papapapa={['hello', 1, 2,
3, 4, true]} />
```

```
    </div>
  );
}

export default App;
```

그러면 콘솔에 {fav: "kimchi"}만 출력될 거야. 만약 문자열 "kimchi"를 화면 그대로 출력하고 싶다면 어떻게 해야 할까?

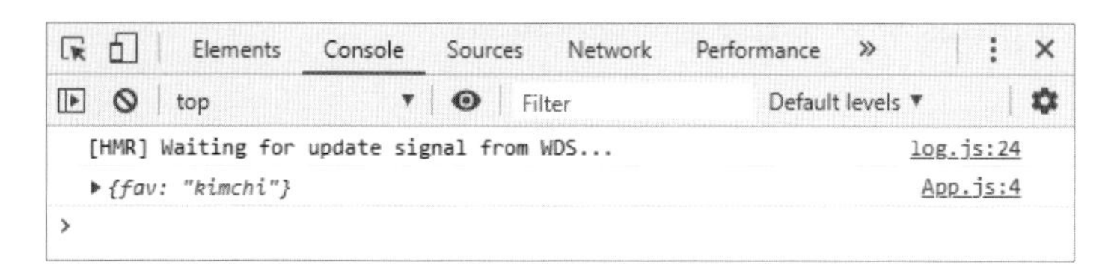

액션 10 예상했지? Food 컴포넌트에 props에 있는 데이터 "kimchi"를 화면에 출력하려면 props.fav를 중괄호로 감싸서 사용하면 돼.

수정하자 ./src/App.js

```
import React from 'react';

function Food(props) {
  console.log(props);
  return <h1>I like { props.fav }</h1>;
}

function App( ) {
  return (
    <div>
      <h1>Hello</h1>
      <Food fav="kimchi" />
    </div>
  );
}

export default App;
```

```
Hello
I like kimchi
```

Hello는 App 컴포넌트에서 바로 출력한 것이고, I like kimchi는 Food 컴포넌트에서 props를 이용하여 출력한 것입니다.

객체에 있는 값을 사용하려면 점 연산자(.)를 쓰는 거 알지? fav props의 값을 사용하려면 props.fav와 같이 점 연산자를 사용해야 해. 리액트 앱을 실행하면 I like kimchi가 출력될 거야! 이제 props 사용 방법을 완벽하게 이해했지?

점 연산자가 궁금하다면 mzl.la/358IKkF에 접속해 보세요.

구조 분해 할당이 궁금하다면 ko.javascript.info/destructuring-assignment에 접속해 보세요.

킴조교의 보충 수업!

구조 분해 할당으로 props 사용하기

자바스크립트 ES6의 문법 중 구조 분해 할당(destructuring-assignment)을 사용하면 점 연산자를 사용하지 않아도 됩니다. 다음은 Food 컴포넌트로 전달한 fav props를 Food 컴포넌트(함수)에서 { fav } = props;와 같은 방법으로 사용한 예입니다.

수정하자 ./src/App.js

```
import React from 'react';

function Food(props) {                  function Food({ fav }) {
  { fav } = props;                        return <h1>I like {fav}</h1>;
  return <h1>I like {fav}</h1>;         }
}
                       두 방법 중 아무거나 사용해도 돼
function App( ) {
  return (
    <div>
      <h1>Hello</h1>
      <Food fav="kimchi" />
    </div>
  );
}

export default App;
```

Food({ fav })와 같이 함수 인자에서 바로 구조 분해 할당해도 됩니다.

props에 포함된 데이터의 개수가 적으면 점 연산자를 사용하여 props.fav와 같은 방법으로 사용해도 불편하지 않지만, props에 포함된 데이터의 개수가 많아지면 매번 props.fav와 같은 방법으로 사용하면 불편하겠지요? 이런 경우 구조 분해 할당을 사용하면 편리합니다.

자! Food 컴포넌트에 props를 전달하는 방법도 알았으니 똑같은 Food 컴포넌트를 반복해서 사용하되, fav props의 값이 서로 다르게 코딩해 볼 거야. 이걸 할 줄 알면 영화 앱 만들기에 한 걸음 다가가는 거지. 예를 들어 "ramen", "samgiopsal", "chukumi"와 같은 데이터를 fav props에 담아 Food 컴포넌트에 전달할 수 있지.

액션 11 여러 개의 컴포넌트에 props 사용하기

앞으로 props를 사용할 때는 대부분 구조 분해 할당을 사용할 거니까 만약 바로 앞에 있는 킴조교의 보충 수업을 보지 않았다면 지금 당장 보고 오도록 하자. Food 컴포넌트를 3개 추가하고 fav props의 값이 서로 다르도록 코드를 수정하자.

구조 분해 할당은 객체에 있는 키값을 편하게 추출할 수 있게 해주는 자바스크립트 문법입니다.

수정하자 ./src/App.js

```
import React from 'react';

function Food({ fav }) {
  return <h1>I like {fav}</h1>;
}

function App( ) {
  return (
    <div>
      <h1>Hello</h1>
      <Food fav="kimchi" />
      <Food fav="ramen" />
      <Food fav="samgiopsal" />
      <Food fav="chukumi" />
```

```
    </div>
  );
}

export default App;
```

Hello

I like kimchi

I like ramen

I like samgiopsal

I like chukumi

이번 액션에서는 Food 컴포넌트를 4개 사용해 각 컴포넌트에 전달한 fav props를 출력했어. 각각의 fav props에는 서로 다른 값이 들어 있으니까 같은 컴포넌트를 사용해도 서로 다른 문장이 출력된 거야.

이걸 컴포넌트를 재사용한다고도 해. 정말 놀랍지? 이 코드를 조금씩 발전시키면 영화 앱이 되는 거야.

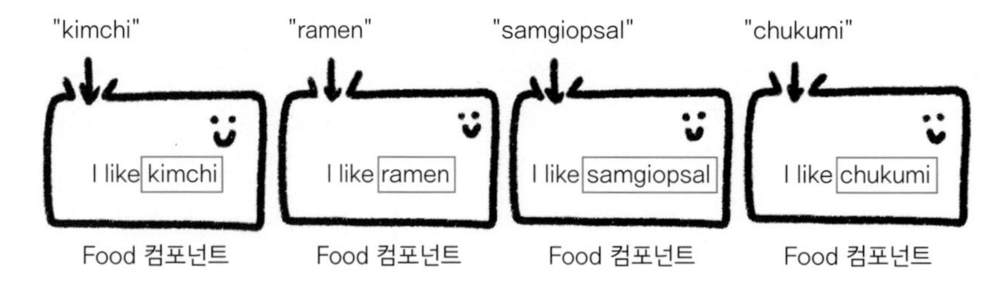

우리가 클론 코딩 03에서 배운 내용을 정리해 보자. 1. 컴포넌트가 무엇인지 알아보고 JSX를 공부했어. 2. JSX는 단지 HTML과 자바스크립트를 조합한 문법이고, 3. JSX를 이용해서 컴포넌트를 작성했어. 컴포넌트의 이름은 대문자로 시작해야 하고, 4. 컴포넌트에 데이터를 전달할 때는 props를 사용하면 됐어. 컴포넌트에 props를 전달하면 props에 있는 데이터가 하나의 객체로 변환되어 컴포넌트(함수)의 인자로 전달되고, 이걸 받아서 컴포넌트(함수)에서 사용할 수 있었어. ES6의 구조 분해 할당을 사용하면 props를 좀 더 편리한 방법으로 사용할 수 있었고. 영화 앱을 만들 때 이 패턴이 사용되니까 잘 기억하고 넘어가자.

JSX는 엄밀히 말하면 HTML과 자바스크립트를 단순히 조합하기만 한 문법이 아닙니다. 예를 들어 JSX에서는 HTML의 class라는 속성 이름을 className이라고 적어야 하기 때문이죠. 하지만 리액트를 쉽게 설명하기 위해 엄밀하게 설명하지 않았습니다.

슈퍼 똑똑하게 컴포넌트 만들기

클론 코딩 03의 마지막 내용 기억나지? 여러 개의 컴포넌트에 값이 다른 fav props를 전달했지. 이번에는 더 발전된 컴포넌트를 만드는 방법을 알아볼 거야. 바로 map( ) 함수를 이용하는 거지. map( ) 함수는 자바스크립트 함수인데, 이 함수를 사용하면 여러 개의 컴포넌트를 쉽게 만들 수 있어. 그럼 map( ) 함수가 왜 필요하고, 어떻게 사용하는지 알아볼까?

노마드 코더 니꼬샘의 강의 보러가기

Dynamic Component Generation • https://youtu.be/2RZ8dlJKmFo

04-1 비슷한 컴포넌트 여러 개 만들기

우리는 앞에서 컴포넌트를 많이 만들 때 〈Food /〉 〈Food /〉 〈Food /〉 ...와 같이 컴포넌트를 직접 입력했어. 이게 최선의 방법일까? 어떻게 하면 컴포넌트를 효율적으로 출력할 수 있는지 알아보자.

이 파일로 실습을 시작해 보세요

클론 스타터 키트
clone-starter-kit-03.zip

액션 01 앞에서 만든 컴포넌트 형태 다시 살펴보기

우리가 마지막으로 작성한 App.js 파일을 다시 열어 코드가 효율적인지 살펴보자.

확인하자 ./src/App.js

```
import React from 'react';

function Food({ fav }) {
  return <h1>I like {fav}</h1>;
}

function App( ) {
  return (
    <div>
      <h1>Hello</h1>
      <Food fav="kimchi" />
      <Food fav="ramen" />
      <Food fav="samgiopsal" />
      <Food fav="chukumi" />
    </div>
  );
}

export default App;
```

궁금했나요? 리액트에서 객체는 중괄호 양쪽을 공백으로 채우고 JSX의 자바스크립트는 중괄호 양쪽을 공백으로 채우지 않는 방법으로 구분합니다.

이 코드는 효율적이지 않아. 왜냐하면 새 음식을 추가할 때마다 <Food fav= "... " />를 복사해야 하기 때문이야. 만약 음식이 1,000개라면 난리가 나겠네? 1,000개를 반복해서 작성해야 하고, 그때마다 fav props에 다른 값을 입력해 줘야 하니까.

또 서버에서 음식 데이터를 받아 출력하는 경우, 음식 데이터의 개수를 알 수 없다면 이 방법은 점점 더 문제가 될 거야. 그때그때 서버에서 넘어오는 데이터 개수만큼 컴포넌트를 작성할 수도 없잖아(5개가 넘어오면 컴포넌트를 5개 작성하고, 3개가 넘어오면 컴포넌트를 3개 작성하고).

음… 이건 좀 아닌 거 같지? 지금부터 이 문제를 해결하는 방법을 알아볼 거야. 다만! 우리는 아직 서버에서 데이터를 받아오는 방법을 모르니까 일단 서버에서 데이터를 받았다고 가정하고, 그 데이터를 출력하는 방법을 알아볼 거야.

서버에서 데이터를 받아오는 방법은 영화 앱을 만들면서 자세히 공부하니 걱정하지 마세요.

액션 02 음식 데이터 만들기

서버에서 넘어온 데이터를 저장할 수 있도록 foodILike라는 변수를 만든 다음 빈 배열을 할당하자. 그리고 아쉽지만 App 컴포넌트 안에 한 땀 한 땀 입력했던 Food 컴포넌트는 모두 삭제하자.

수정하자 ./src/App.js

```
import React from 'react';

function Food({ fav }) {
  return <h1>I like {fav}</h1>;
}

const foodILike = [];   // foodILike 변수에 빈 배열을 저장해!

function App( ) {
  return (
    <div>
      <h1>Hello</h1>
      <Food fav="kimchi" />   // 이건 다 지우고
      <Food fav="ramen" />
```

```
      <Food fav="samgiopsal" />
      <Food fav="chukumi" />
    </div>
  );
}

export default App;
```

액션 03 서버에서 데이터가 넘어온다고 상상하면서 다음과 같이 코드를 작성해 봐(내가 좋아하는 한국 음식을 골라 봤어). image 키값의 경우 인터넷에서 찾은 이미지의 주소를 복사하여 붙여 넣은 거라 직접 입력하지 않아도 돼.

수정하자 ./src/App.js

```
import React from 'react';

function Food({ fav }) {
  return <h1>I like {fav}</h1>;
}

const foodILike = [
  {
    name: 'Kimchi',
    image: 'http://aeriskitchen.com/wp-content/uploads/2008/09/kimchi_
bokkeumbap_02-.jpg',
  },
  {
    name: 'Samgyeopsal',
    image:
     'https://3.bp.blogspot.com/-hKwIBxIVcQw/WfsewX3fhJI/AAAAAAAAALk/
yHxnxFXcfx4ZKSfHS_RQNKjw3bAC03AnACLcBGAs/s400/DSC07624.jpg',
  },
  {
    name: 'Bibimbap',
```

이건 직접 입력하지 말고 이미지 주소를 복사해서 붙여 넣으면 돼

크롬 브라우저에서 검색한 이미지를 마우스 오른쪽 버튼으로 누른 다음 '이미지 주소 복사'를 선택하면 이미지 링크를 손쉽게 얻을 수 있습니다.

```
    image:
      'http://cdn-image.myrecipes.com/sites/default/files/styles/4_3_
horizontal_-_1200x900/public/image/recipes/ck/12/03/bibimbop-ck-x.
jpg?itok=RoXlp6Xb',
  },
  {
    name: 'Doncasu',
      image: 'https://s3-media3.fl.yelpcdn.com/bphoto/7F9eTTQ_yxaWIRy
tAu5feA/ls.jpg',
  },
  {
    name: 'Kimbap',
    image: 'http://cdn2.koreanbapsang.com/wp-content/uploads/2012/05/
DSC_1238r-e1454170512295.jpg',
  },
];

function App( ) {
  return (
    <div>
      <h1>Hello</h1>
    </div>
  );
}

export default App;
```

조금 더 의미 있는 코딩을 하기 위해서 foodILike에 음식의 이름(name)과 이미지(image)를 추가했어. image에는 덕덕고에서 가져온 이미지 링크를 문자열로 저장했어. 이 링크를 이용하면 이미지를 손쉽게 출력할 수 있거든. 이제 foodILike에 있는 데이터를 이용하여 여러 개의 컴포넌트를 만들기만 하면 돼. 그럼 무엇을 알아야 할까?

덕덕고(duckduckgo.com)는 해외 검색 사이트입니다. 니꼬샘은 때때로 덕덕고에서 검색한답니다.

04-2 map( ) 함수로 컴포넌트 많이 만들기

foodILike에 있는 데이터로 컴포넌트를 여러 개 만들려면 자바스크립트 함수 map( )의 사용 방법을 알아야 해. map( ) 함수의 동작을 알아보기 위해 크롬 브라우저의 콘솔을 사용할 거야. 콘솔 실행 방법은 알지? 크롬 브라우저를 켠 다음 F12를 누르면 돼.

액션 01 map( ) 함수 사용법 알아보기

크롬 브라우저에서 콘솔을 연 다음 다음과 같이 코드를 입력해 보자. 만약 node를 사용할 줄 안다면 node를 사용해도 돼.

콘솔

```
> const friends = ["dal", "mark", "lynn", "japan guy"]
```

friends에 친구 4명의 이름(문자열)을 배열에 담아 저장했어.

액션 02 콘솔에 friends를 입력해 보면 친구 4명의 이름이 배열로 저장된 것을 확인할 수 있어.

콘솔

```
> friends
["dal", "mark", "lynn", "japan guy"]
```

난 이 배열에 들어 있는 이름(문자열) 각각에 작은 하트를 붙여 보고 싶어. **바로 map( ) 함수를 사용할 순간이 온 거야.** map( ) 함수는 배열의 모든 원소마다 특정 작업을 하는 함수를 적용하고, 그 함수가 반환한 결과를 모아서 배열로 반환해 줘. 설명이 좀 복잡하지? 좀 더 실습을 진행하면서 알아보자.

액션 03 다음과 같이 코드를 입력해 보자. map() 함수의 첫 번째 인자로 특정 작업을 하는 함수를 전달한 거야.

콘솔

```
> friends.map(current => {
  console.log(current);
  return 0;
})
dal          // console.log(current)가 출력한 값(1번째)
mark         // console.log(current)가 출력한 값(2번째)
lynn         // console.log(current)가 출력한 값(3번째)
japan guy    // console.log(current)가 출력한 값(4번째)
[0, 0, 0, 0]
```

반환한 값이 아니니까 헷갈리지 마

friends.map(...)이 최종으로 반환한 값이야

dal, mark, lynn, japan guy가 출력된 다음 배열 [0, 0, 0, 0]이 반환되었어. 여기서 map() 함수의 2가지 특징을 알 수 있어.

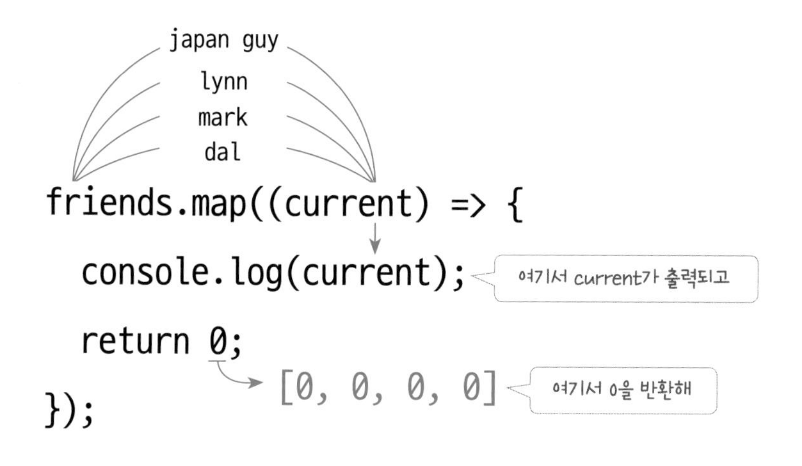

첫 번째는 map() 함수의 인자로 전달한 함수는 배열 friends의 원소를 대상으로 실행된다는 거야. friends에는 4개의 원소가 들어 있으니까 함수는 4번 실행되는 거지. 두 번째는 그 함수가 반환한 값이 모여 배열이 되고, 그 배열이 map() 함수의 반환값이 된다는 거야. 이 2가지 특징을 잘 기억해야 해. current 인자에 하트를 추가하여 반환하면 친구들 이름에 하트가 추가된 배열을 만들 수 있을 거 같네.

출력하는 값("dal", "mark", ...)과 반환하는 값을 같다고 착각하면 안 됩니다.

액션 04 map( ) 함수로 이름에 하트 추가한 배열 만들기

friends에 저장된 값을 다시 한번 확인하자.

콘솔

```
> friends
["dal", "mark", "lynn", "japan guy"]
```

friends.map( )의 인자로 이름 뒤에 하트를 붙여 주는 함수를 전달하면 되겠지? 함수의 인자 이름을 current 대신 friend라고 지을게(꼭 current가 아니어도 된다는 걸 보여 주려고 해). 중요한 건 인자의 이름이 아니라 인자의 배열에 들어 있는 원소가 1개씩 전달되면서 함수가 반복 실행된다는 거야.

액션 05

friend에 하트를 더하면 이름 뒤에 하트가 붙은 이름을 원소로 가지는 배열을 얻을 수 있어.

콘솔

```
> friends.map(function(friend) {
  return friend + " ♥";
})
["dal ♥", "mark ♥", "lynn ♥", "japan guy ♥"]
```

friend 인자에 friends 배열의 원소가 1개씩 넘어오고 friend에 "♥"를 붙여 반환하여 배열을 만든 것입니다.

여기서는 화살표 함수가 아니라 이름 없는 함수를 전달했어. 이름 없는 함수의 friend에는 friends 배열의 원소가 하나씩 넘어오고, 그 원소에 하트를 붙여 반환하니까 ["dal ♥", "mark ♥", "lynn ♥", "japan guy ♥"]를 얻을 수 있는 거야.

액션 06 map( ) 함수로 Food 컴포넌트 많이 만들어 보기

자! 이제 크롬 브라우저에서 벗어나 VSCode 화면으로 돌아가자. 그리고 foodILike 배열을 다시 한번 눈으로 확인하면서 map( ) 함수를 어떻게 적용할지 상상해 봐.

확인하자 ./src/App.js

```
(생략...)
const foodILike = [
  {
    name: 'Kimchi',
    image: 'http://aeriskitchen.com/wp-content/uploads/2008/09/kimchi_
bokkeumbap_02-.jpg',
  },
  {
    name: 'Samgyeopsal',
    image:
     'https://3.bp.blogspot.com/-hKwIBxIVcQw/WfsewX3fhJI/AAAAAAAAALk/
yHxnxFXcfx4ZKSfHS_RQNKjw3bAC03AnACLcBGAs/s400/DSC07624.jpg',
  },
(생략...)
```

foodILike에 있는 원소를 하나씩 전달받아 출력하는 함수를 map( ) 함수의 인자로 전달하면 되겠지요?

foodILike.map(...)과 같이 작성하고, map( ) 함수에 전달할 인자에는 dish => <Food ... />와 같이 컴포넌트를 반환하는 함수를 전달하면 될 것 같네. dish에는 배열에 있는 원소, 즉 객체 {name: '...', image: '...'}이 하나씩 넘어올 거야. 이걸 dish.name, dish.image와 같은 방법으로 컴포넌트에 전달하면 돼. 이제 천천히 코딩해 보자.

설명이 조금 복잡하죠? 다음 실습을 통해 한 번 더 설명합니다.

액션 07 map( ) 함수를 foodILike 배열에 적용하여 코드를 작성하자. <h1>Hello</h1>은 삭제하고, {foodILike.map(...)}을 추가하면 돼. 그리고 Food 컴포넌트에서 받는 인자를 { name }으로 수정해.

수정하자 /src/App.js

```
import React from 'react';

function Food({ name }) {
  return <h1>I like {name}</h1>;
}
```

```
const foodILike = [ (생략...) ];

function App() {
  return (
    <div>
      <h1>Hello</h1>
      {foodILike.map(dish => (<Food name={dish.name} />))}
    </div>
  );
}

export default App;
```

여기에 foodILike의 원소가 하나씩 넘어올 거야

그 값을 name props에 전달한 거지

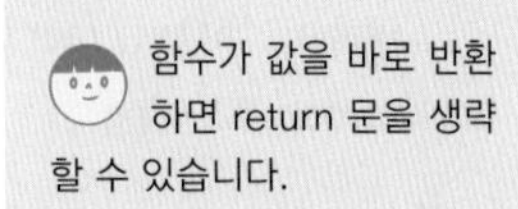

함수가 값을 바로 반환하면 return 문을 생략할 수 있습니다.

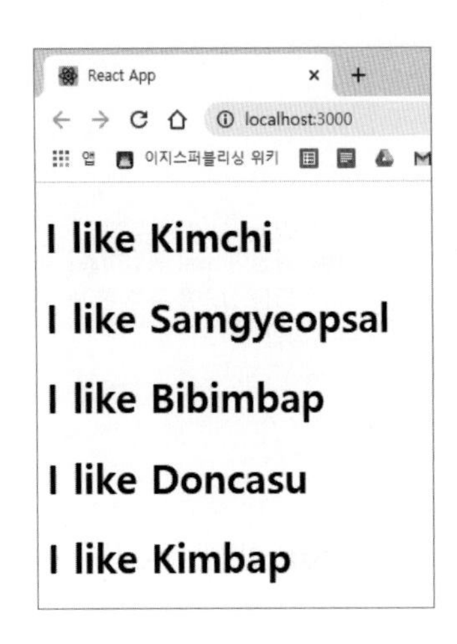

여기서 가장 중요한 부분은 {foodILike.map(dish =>(<Food name={dish.name} />))}이야. dish에 foodILike 배열에 있는 원소가 하나씩 넘어가고, 그 원소는 { name: '...', image: '...' }와 같은 객체 형태이므로 Food 컴포넌트에 dish.name과 같이 음식 이름을 name props로 넘겨준 거야.

결국 map( ) 함수는 [<Food name={...} />, ...]와 같이 Food 컴포넌트 원소 5개를 가진 배열을 반환할 거야. 그 결과 음식 이름 5개가 화면에 표시되는 거지.

map( ) 함수의 첫 번째 인자로 넘어가는 함수의 첫 번째 인자인 dish에는 foodILike의 원소가 하나씩 넘어간다는 점을 꼭 기억해야 해. 영화 앱을 만들 때도 구조가 같은 데이터를 사용할 거니까. 이제 음식 이미지까지 출력해 보자. Food 컴포넌트에 dish.image와 같은 방법으로 picture props를 전달하면 되겠지?

액션 08 Food 컴포넌트에 음식 이미지 출력하기

Food 컴포넌트에 picture props를 추가하자. picture props에는 dish.image를 전달할 거야.

수정하자 ./src/App.js

```
import React from 'react';

function Food({ name }) {
  return <h1>I like {name}</h1>;
}

const foodILike = [ (생략...) ];

function App() {
  return (
    <div>
      {foodILike.map(dish => (
        <Food name={dish.name} picture={dish.image} />
      ))}
    </div>
  );
}

export default App;
```

데이터는 아까 설명했어

코드를 수정하고 저장하면 화면에 아무런 변화가 없을 거야. 왜냐! 아직 전달한 picture props를 사용하지 않았잖아! 벌써 props 사용 방법을 잊은 건 아니지?

액션 09 Food 컴포넌트(함수)에서 picture props를 받을 수 있도록 코드를 수정하자. 그런 다음 h1 엘리먼트를 h2 엘리먼트로 바꾸고 img 엘리먼트를 추가해. 마지막으로 div 엘리먼트로 h2, img 엘리먼트를 감싸면 돼.

수정하자 ./src/App.js

```
import React from 'react';

function Food({ name, picture }) {
  return (
    <div>
      <h2>I like {name} </h2>   1을 2로 바꾸면 돼
      <img src={picture} />   img 엘리먼트는 알지?
    </div>
  );
}

const foodILike = [ (생략...) ];

function App() {
  return (
    <div>
      {foodILike.map(dish => (
        <Food name={dish.name} picture={dish.image} />
      ))}
    </div>
  );
}

export default App;
```

h2 엘리먼트는 heading 2를 줄인 표현으로 제목 2의 역할을 합니다.

img 엘리먼트의 src 속성값으로 이미지 주소를 전달하면 이미지를 출력할 수 있습니다.

어때? 잘 동작하지? 이제 음식의 이름과 이미지가 모두 나타나네. 아주 멋져! 이렇게 map( ) 함수를 사용하면 배열에 데이터가 몇 개 있든지 컴포넌트를 여러 개 손쉽게 출력할 수 있어.

이 코딩 패턴은 영화 앱에 사용되니까 꼭 한 번 더 연습해 보세요. 음식을 더 추가해 봐도 좋습니다.

04-3 음식 앱 이리저리 만지고, 고쳐보기

04-2에서 만든 음식 앱을 이리저리 만져 보면서 리액트와 map( ) 함수가 어떤 상호 작용을 하는지 조금만 더 자세히 알아보자. 우선 map( ) 함수의 인자로 함수를 전달하도록 만들어 보자.

액션 01 map( ) 함수의 인자로 함수 전달하기

{foodILike.map(dish =>(<Food name={dish.name} picture={dish.image} />))}를 {foodILike.map(renderFood)}로 변경하자.

수정하자 ./src/App.js

```
import React from 'react';

function Food({ name, picture }) {
  return (
    <div>
      <h2>I like {name} </h2>
      <img src={picture} />
    </div>
  );
}

const foodILike = [ (생략...) ];

function App() {
  return (
    <div>
      {foodILike.map(renderFood)}
    </div>
  );
}

export default App;
```

여기에 있던 함수 몸통을 지우고 함수 이름으로 바꿔

map( ) 함수가 실제로 무엇을 반환하는지 알아보기 위해 map( ) 함수의 인자로 전달한 함수를 정의하는 과정입니다.

액션 02

renderFood( ) 함수 정의하기

그런 다음 renderFood( ) 함수를 정의하자. 코드는 04-2에서 마지막으로 작성했던 것과 같아.

수정하자 ./src/App.js

```
import React from 'react';

function Food({ name, picture }) {
  return (
    <div>
      <h2>I like {name} </h2>
      <img src={picture} />
    </div>
  );
}

const foodILike = [ (생략...) ];

function renderFood(dish) {
  return <Food name={dish.name} picture={dish.image} />;
}

function App() {
  return (
    <div>
      {foodILike.map(renderFood)}
    </div>
  );
}

export default App;
```

map() 함수의 첫 번째 인자로 전달한 화살표 함수를 밖으로 빼서 일반 함수 renderFood( )로 작성했을 뿐, 음식 앱의 기능이 달라진 건 아니니까 너무 놀라지마. 코드를 저장하고 앱을 실행해 보면 결과 화면은 똑같을 거야.

이제 map() 함수의 1번째 인자로 전달할 renderFood() 함수를 분리했어. 그러면 계속해서 map() 함수가 반환하는 값이 구체적으로 무엇인지 자세히 살펴보자.

renderFood() 함수를 화살표 함수로 작성하고 싶나요?

renderFood() 함수는 화살표 함수로 작성해도 똑같이 작동합니다. 만약 화살표 함수로 작성하고 싶다면 다음과 같이 코드를 수정해 보세요.

```
const renderFood = dish => <Food name={dish.name} picture={dish.image} />;
```

액션 03 map() 함수의 반환값 살펴보기

다음과 같이 코드를 수정해서 map() 함수의 반환값을 그대로 출력해 보자. 그리고 출력한 값을 자세히 살펴보자.

수정하자 ./src/App.js

```
(생략...)
function App() {
  console.log(foodILike.map(renderFood));
  return (
    <div>
      {foodILike.map(renderFood)}
    </div>
  );
}
(생략...)
```

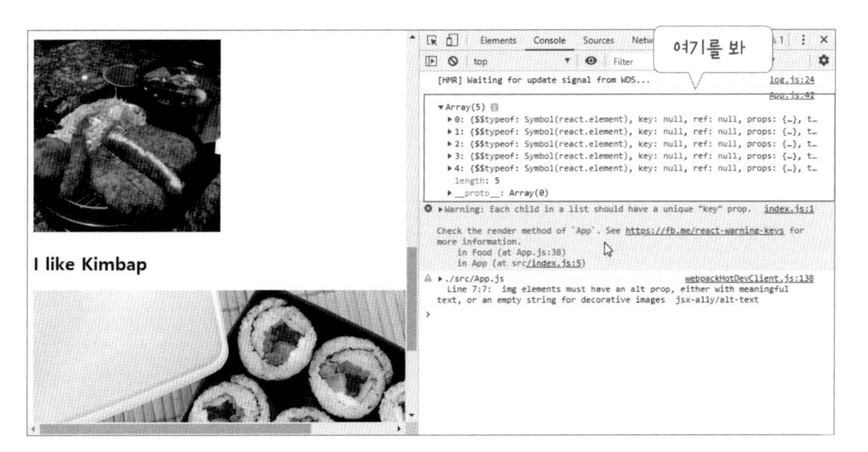

[Console] 탭을 보면 Array(5)가 보일 거야(경고 메시지는 일단 무시해). ▶를 눌러서 펼쳐봐. 뭔가 이상한 배열이 출력되고 있어. 이게 바로 map( ) 함수가 반환한 리액트 컴포넌트야. 좀 복잡하게 생겼지? 리액트 컴포넌트가 어떤 구조인지 보고 싶어? 그러면 또 다시 ▶를 눌러서 펼쳐서 구경하면 돼.

props와 같은 속성이 보이나요? 리액트의 props는 props에 저장됩니다. 열어서 확인해 보세요.

액션 04 음식 앱 다시 원래대로 돌려놓기

renderFood( ) 함수는 map( ) 함수가 반환한 리액트 컴포넌트를 출력하려고 사용해 본 것이므로 다시 원래대로 코드를 돌려놓자.

수정하자 ./src/App.js

```
import React from 'react';

function Food({ name, picture }) {
  return (
    <div>
      <h2>I like {name} </h2>
      <img src={picture} />
    </div>
  );
}

const foodILike = [ (생략...) ];
                                    renderFood( )를 함수 정의를 지우고
function App() {
  return (
    <div>
      {foodILike.map(dish => (                        여기를 지우고 다시 인자를 채우면 돼
        <Food name={dish.name} picture={dish.image} />
      ))}
    </div>
  );
}

export default App;
```

이렇게 하는 이유는 App.js 파일 안에 또 다른 함수를 만들지 않기 위해서야. 함수가 많아지면 나중에 관리하기 어려워지거든. 그나저나 액션 03에서 이상한 경고 메시지가 있었어. 그건 뭘까?

map( ) 함수로 만든 컴포넌트에 key props 추가하기

[Console] 탭의 경고 메시지를 한번 읽어 보자.

콘솔

```
> Warning: Each child in a list should have a unique "key" prop.
(생략...)
```

> Warning:으로 시작하면 경고 메시지이고, Error:로 시작하면 오류 메시지입니다. 경고 메시지는 프로그램 실행에 바로 영향을 주지 않지만 개발자가 가급적이면 수정해야 할 사항을 알려줍니다.

해석하면 '리스트의 각 원소는 유일한 "key" prop을 가져야 한다'고 하네. 액션 03의 배열 속성을 보면 key의 값이 실제로 없어서(null) 이런 메시지가 나온 거야. 리액트의 원소들은 유일해야 하는데 리액트 원소가 리스트에 포함되면서 유일성이 없어진 거지.

액션 06 이 문제를 해결하기 위해 foodILike 배열 원소에 id라는 값을 추가하자. 이 값으로 key값이 없다는 경고 메시지를 해결할 거야.

> id값은 유일해야 하므로 중복된 값을 입력하면 안 됩니다.

수정하자 ./src/App.js

```
(생략...)
const foodILike = [
  {
    id: 1,   ← id 값들을 추가하자
    name: 'Kimchi',
    image: 'http://aeriskitchen.com/wp-content/uploads/2008/09/kimchi_
bokkeumbap_02-.jpg',
  },
  {
    id: 2,
    name: 'Samgyeopsal',
    image:
     'https://3.bp.blogspot.com/-hKwIBxIVcQw/WfsewX3fhJI/AAAAAAAAALk/
yHxnxFXcfx4ZKSfHS_RQNKjw3bAC03AnACLcBGAs/s400/DSC07624.jpg',
  },
  {
```

```
    id: 3,
    name: 'Bibimbap',
    image:
      'http://cdn-image.myrecipes.com/sites/default/files/styles/4_3_
horizontal_-_1200x900/public/image/recipes/ck/12/03/bibimbop-ck-x.
jpg?itok=RoXlp6Xb',
  },
  {
    id: 4,
    name: 'Doncasu',
      image: 'https://s3-media3.fl.yelpcdn.com/bphoto/7F9eTTQ_yxaWIRy
tAu5feA/ls.jpg',
  },
  {
    id: 5,
    name: 'Kimbap',
    image: 'http://cdn2.koreanbapsang.com/wp-content/uploads/2012/05/
DSC_1238r-e1454170512295.jpg',
  },
];
(생략...)
```

데이터에 id를 추가했어. 그나저나 왜 이걸 해야 할까? 리액트는 Food 컴포넌트가 서로 다르다는 걸 알 방법이 없기 때문이야. 그리고 리액트에게 컴포넌트가 서로 다르다는 것을 알려 주는 방법이 컴포넌트에 key props를 추가하는 거야.

Food 컴포넌트에 key props를 추가하자. key props의 값으로 {dish.id}를 전달하면 돼.

수정하자 ./src/App.js

```
(생략...)
function App() {
  return (
    <div>
      {foodILike.map(dish => (
        <Food key={dish.id} name={dish.name} picture={dish.image} />
      ))}
    </div>
  );
}
(생략...)
```

key props를 추가했어

앱을 다시 실행하고 [Console] 탭을 확인해 보면 경고 메시지가 없어졌을 거야. 직접 확인해 봐. 다만! key props는 리액트 내부에서 사용되는 특수한 props라서 Food 컴포넌트에 직접 전달되지 않아. 이 특징을 꼭 기억해. 지금까지 props와 map() 함수를 사용해서 컴포넌트를 여러 개 만드는 방법을 알아봤어. 이게 영화 앱을 만드는 기본기가 될 거야.

마지막으로! 아까 Food 컴포넌트를 수정할 때 img 엘리먼트 관련 메시지를 설명하지 않았어. 이 메시지는 img 엘리먼트에 alt 속성을 추가하지 않아서 나타난 거야.

alt 속성은 시각 장애인을 위한 것입니다. create-react-app은 이런 세세한 경고도 해 주지요. create-react-app은 이런 식으로 여러분의 개발을 도와줍니다.

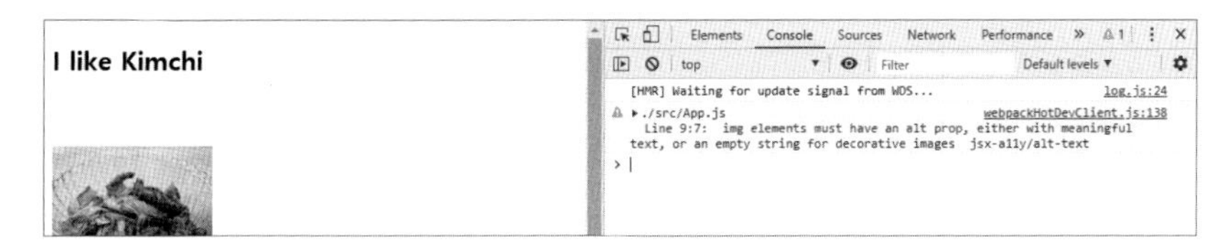

액션 08

img 엘리먼트에 alt 속성 추가하기

다음과 같이 Food 컴포넌트를 수정해 보자. alt 속성을 추가하고 거기에 {name}을 대입한 거야. 그러면 메시지가 없어질 거야.

수정하자 ./src/App.js

```
(생략...)
function Food({ name, picture }) {
  return (
    <div>
      <h2>I like {name}</h2>
      <img src={picture} alt={name} />
    </div>
  );
}
(생략...)
```

alt 속성의 값으로 {name}을 대입하자

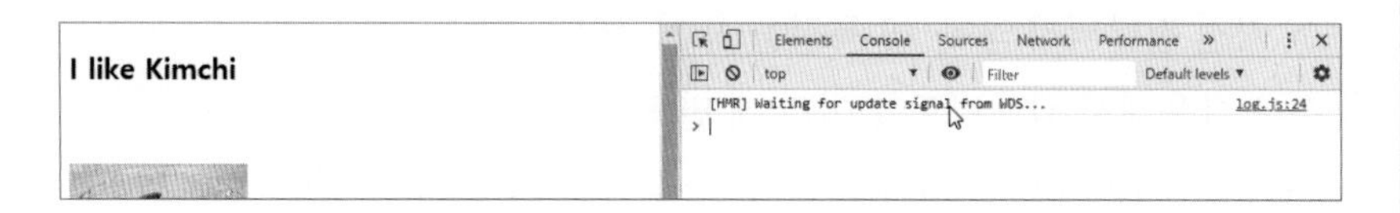

04-4 음식 앱에 prop-types 도입하기

음식 앱을 만들면서 props와 map() 함수의 사용 방법은 이제 어느 정도 익숙해졌을 거야. 그런데 우리가 정의한 props의 값이 컴포넌트에 제대로 전달되지 않으면 어떻게 해야 할까?
예를 들어 picture props에 {dish.image}가 아닌 {true}를 전달하면 어떻게 될까? 그러면 우리가 원하는 대로 음식 앱이 작동하지 않겠지? 이미지가 제대로 나오지 않을 거야. 바로 이런 경우에 props를 검사하는 방법이 필요해. 이번에는 props를 검사하는 방법을 알아보자.
foodILike에 데이터를 좀 더 추가해 보자. 그래야 props를 검사하는 과정이 의미 있어지거든. 예를 들어 음식 앱에 '평점'이라는 항목이 있다고 해보자. 이 상황을 가정하려면 foodILike에 평점이 있어야겠지?

액션 01 음식 데이터에 rating 추가하기

foodILike 배열의 각 요소에 rating(평점)을 추가하자. 값의 자료형은 당연히 Number겠지?

수정하자 ./src/App.js

```
import React from 'react';

function Food({ name, picture }) {
  return (
    <div>
      <h2>I like {name}</h2>
      <img src={picture} alt={name} />
    </div>
  );
}

const foodILike = [
```

foodILike에 입력한 값이 데이터베이스에서 넘어온 값이라고 상상해 보세요.

```
  {
    id: 1,
    name: 'Kimchi',
    image: 'http://aeriskitchen.com/wp-content/uploads/2008/09/kimchi_
bokkeumbap_02-.jpg',
    rating: 5,
  },
  {
    id: 2,
    name: 'Samgyeopsal',
    image:
     'https://3.bp.blogspot.com/-hKwIBxIVcQw/WfsewX3fhJI/AAAAAAAAALk/
yHxnxFXcfx4ZKSfHS_RQNKjw3bAC03AnACLcBGAs/s400/DSC07624.jpg',
    rating: 4.9,
  },
  (생략...)  ← 나머지 rating은 스스로 추가해
];

function App() {
  return (
    <div>
      {foodILike.map(dish => (
        <Food key={dish.id} name={dish.name} picture={dish.image} />
      ))}
    </div>
  );
}

export default App;
```

rating에 아무 값이나 입력해 보세요.

rating이 포함된 음식 데이터가 준비되었어. 이제 rating props를 Food 컴포넌트에 전달하면서 이 값을 검사해 볼 거야. 그러려면 props의 자료형을 검사할 수 있도록 만들어 주는 prop-types라는 도구를 설치해야 해.

prop-types 설치하기

터미널에 명령어를 입력해서 prop-types를 설치하자.

C:_ 명령 프롬프트

```
> npm install prop-types
```

액션 03

package.json 파일을 열어 dependencies 키에 있는 값을 살펴봐. 그중에 prop-types가 있을 거야. 이게 있으면 설치가 잘 된 거지.

확인하자 ./package.json

```
{
  "name": "movie_app_2020",
  "version": "0.1.0",
  "private": true,
  "dependencies": {
    "@testing-library/jest-dom": "^4.2.4",
    "@testing-library/react": "^9.3.2",
    "@testing-library/user-event": "^7.1.2",
    "prop-types": "^15.7.2",
    "react": "^16.13.0",
    "react-dom": "^16.13.0",
    "react-scripts": "3.4.0"
  },
(생략...)
```

입력하라는 게 아니야. 이건 자동으로 입력돼

잊지마세요. package.json은 create-react-app이 자동으로 생성해 준 파일입니다. 실수로 수정하지 않도록 주의하세요.

prop-types는 무슨 일을 해줄까? 컴포넌트가 전달받은 props가 정말 내가 원하는 값인지 확인해 줘. 왜냐하면 개발하다 보면 실수하는 일이 생기거든. 예를 들어 picture props를 보내야 하는데 실수로 image props를 보낼 수도 있어. 이런 경우 prop-types를 통해 미리 'Food 컴포넌트는 반드시 picture prop가 전달돼야 한다'고 정의할 수 있어. 그러면 picture props가 아닌 images props가 전달되는 경우 오류 메시지가 나타날 거야. 이제 prop-types를 사용해 보자.

액션 04 prop-types 적용하기

import PropTypes from 'prop-types';를 App.js 파일 맨 위에 추가해 주자. 그리고 rating props를 Food 컴포넌트에 전달하자.

수정하자 ./src/App.js

```
import React from 'react';
import PropTypes from 'prop-types';

function Food({ name, picture, rating }) {
  return (
    <div>
      <h2>I like {name}</h2>
      <h4>{rating}/5.0</h4>
      <img src={picture} alt={name} />
    </div>
  );
}

const foodILike = [ (생략...) ];

function App() {
  return (
    <div>
      {foodILike.map(dish => (
          <Food key={dish.id} name={dish.name} picture={dish.image}
rating={dish.rating} />
      ))}
    </div>
  );
}

export default App;
```

아직 prop-types를 적용하진 않았어. 곧 설명할 거야. 그전에 음식 앱을 실행해 보면 rating props로 전달한 값이 잘 출력될 거야. 일단 실행하는 데는 문제가 없네.

I like Kimchi

5/5.0

I like Samgyeopsal

4.9/5.0

이제 prop-types를 적용할 차례야. 우리가 할 일은 Food.propTypes에 객체를 적어 주기만 하면 돼. 이게 어떤 효과를 낼지는 코드를 다 작성한 다음 알아보자.

액션 05 다음과 같이 Food.propTypes를 작성해 보자. 모든 props는 문자열이고 반드시 있어야 한다는 조건을 추가했어. 이게 무엇인지는 프로그램을 실행한 다음 알아보자.

수정하자 ./src/App.js

```
import React from 'react';
import PropTypes from 'prop-types';

function Food({ name, picture, rating }) { (생략...) }

const foodILike = [ (생략...) ];

function App() { (생략...) }

Food.propTypes = {
  name: PropTypes.string.isRequired,
  picture: PropTypes.string.isRequired,
  rating: PropTypes.string.isRequired,
};

export default App;
```

코드를 작성한 다음 저장하고 음식 앱을 실행해 보면 별 문제가 없어 보일 거야. 하지만 [Console] 탭을 확인해 보면 경고 메시지가 있을 거야. 음식 앱을 실행하는 데는 문제가 없지만, 뭔가 검사가 진행되었고 그에 따라 경고 메시지를 출력해 준 거지.

콘솔

```
Warning: Failed prop type: Invalid prop `rating` of type `number`
supplied to `Food`, expected `string`.
```

Failed prop type이라는 문장을 보니 prop type에 실패한 거 같네. 그리고 'Food 컴포넌트의 rating props 자료형이 string이어야 하는데, number라서 문제다'라고 이야기하고 있어. 그러고 보니 그렇네.

액션 06 우리가 작성한 Food.propTypes의 rating 키값을 다시 보자.

확인하자 ./src/App.js

```
(생략...)
Food.propTypes = {
  name: PropTypes.string.isRequired,
  picture: PropTypes.string.isRequired,
  rating: PropTypes.string.isRequired,   여기를 봐
};
(생략...)
```

rating 키값이 PropTypes.string.isRequired라고 되어 있네. string은 '문자열'이라는 뜻이고, isRequired는 '필요하다'라는 뜻이야. 이를 합치면 'rating에는 string이라는 자료형이 필요하다'는 뜻이겠지? 그런데 우리가 넘겨준 값의 자료형은 뭐였지? Number였네. 그래서 경고 메시지가 나타난 거야.

액션 07 prop-types 경고 해결하기

이제 rating: PropTypes.string.isRequired 대신 rating: PropTypes.number.isRequired라고 수정해 주자.

수정하자 ./src/App.js

```
(생략...)
Food.propTypes = {
  name: PropTypes.string.isRequired,
  picture: PropTypes.string.isRequired,
  rating: PropTypes.number.isRequired,
};
(생략...)
```

여기를 수정해

> prop-types는 없어도 프로그램 실행에 영향을 주지 않지만 프로그램이 커질수록 그 진가를 발휘합니다. 지금처럼요!

그런 다음 개발자 도구에서 [Console] 탭을 확인해 보면 prop type 경고 메시지가 사라져 있을 거야.

prop-types는 또한 props의 이름도 검사해 줘. 예를 들어 Food 컴포넌트에 전달하는 picture props의 이름을 Food.propTypes에서 정의한 이름인 picture가 아니라 image로 바꾸면 어떻게 될까? 말 그대로 정의한 이름이 아닌 다른 이름의 props를 전달하는 거야.

액션 08 다른 종류의 prop-types 경고 해결하기

Food 컴포넌트에 전달하는 picture props의 이름을 image로 바꿔 보자.

수정하자 ./src/App.js

```
(생략...)
function App() {
  return (
    <div>
      {foodILike.map(dish => (
       <Food key={dish.id} name={dish.name} image={dish.image} rating
={dish.rating} />
      ))}
```

여기를 바꾸면 돼

```
    </div>
  );
}
(생략...)
```

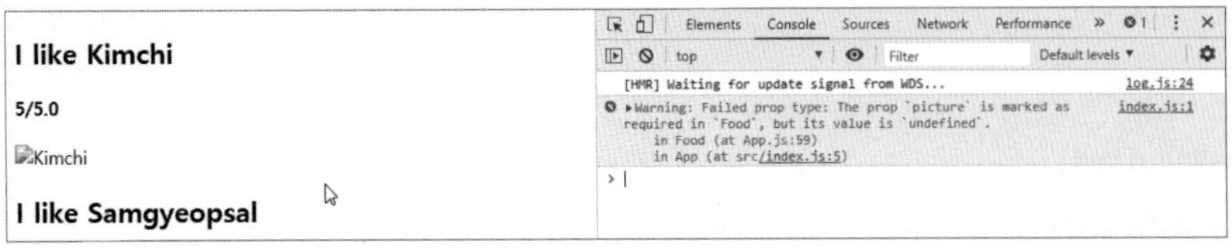

I like Kimchi
5/5.0
Kimchi
I like Samgyeopsal

[HMR] Waiting for update signal from WDS...
Warning: Failed prop type: The prop `picture` is marked as required in `Food`, but its value is `undefined`.
in Food (at App.js:59)
in App (at src/index.js:5)

음식 앱을 실행해 보면 화면에 사진이 나오지 않을 거야. [Console] 탭의 경고 메시지를 보면 그 이유를 알 수 있어.

[Console] 탭 실행 방법은 Ctrl + Shift + I 입니다. 참고해 주세요.

콘솔

```
Warning: Failed prop type: The prop `picture` is marked as required in
`Food`, but its value is `undefined`.
```

경고 메시지를 읽어 보면 'Food 컴포넌트에 picture라는 이름의 props가 필요한데, 그 값이 undefined다'라고 말하고 있어. Food 컴포넌트에 picture props가 아니라 image props를 전달했기 때문이야(picture라는 이름의 props가 없으니까 undefined야).

undefined는 정의되지 않았음을 의미하는 자바스크립트 키워드입니다.

액션 09 이제 코드를 원래대로 돌려놓자.

수정하자 ./src/App.js

```
(생략...)
function App() {
  return (
    <div>
      {foodILike.map(dish => (
          <Food key={dish.id} name={dish.name} picture={dish.image}
rating={dish.rating} />
```

여기를 바꾸면 돼

```
      ))}
    </div>
  );
}
(생략...)
```

prop-types는 이런 식으로 props를 검사해. 자료형과 그 이름의 값이 전달되었는지도 검사해 주지. 개발자가 실수하지 않도록 예방해 주는 유용한 도구라 할 수 있어. 영화 앱을 만들면서 이 도구를 적극적으로 사용할 거니까 prop-types의 사용 방법을 잘 익혀 두자.

그나저나 rating: PropTypes.number.isRequired에서 .isRequired는 필요하다는 뜻이였지? 그런데 이건 때에 따라 없어도 돼. 아직 평점이 등록되지 않은 영화일 수도 있잖아.

액션 10 isRequired의 뜻 살펴보기

rating의 .isRequired를 제거해 볼까?

수정하자 ./src/App.js

```
(생략...)
Food.propTypes = {
  name: PropTypes.string.isRequired,
  picture: PropTypes.string.isRequired,
  rating: PropTypes.number.isRequired,
};
(생략...)
```

쉼표는 지워도 되고 안 지워도 돼

rating: PropTypes.number라고 작성하면, 이제 rating props는 필수가 아니여도 되는 항목이 돼. 다만, 값이 전달되는 경우 자료형이 number이긴 해야 한다는 거야. 영화 앱을 만들면서 isRequired는 필요에 따라 추가할 거야. 참고해 두면 좋겠지?

prop-types의 다양한 사용 방법이 궁금하다면?

prop-types 공식 문서에 접속하여 중간에 있는 Usage를 살펴보세요. 그러면 다양한 prop-types의 예시를 볼 수 있습니다. oneOf(["News", "Photos"])와 같이 아예 값을 지정할 수도 있고, oneOfType([PropTypes.string, PropTypes.number])와 같이 자료형을 여러 개 지정할 수도 있습니다. 만약 자신이 앱을 직접 개발하고 있는 단계라면 이 문서를 참고하길 바랍니다.

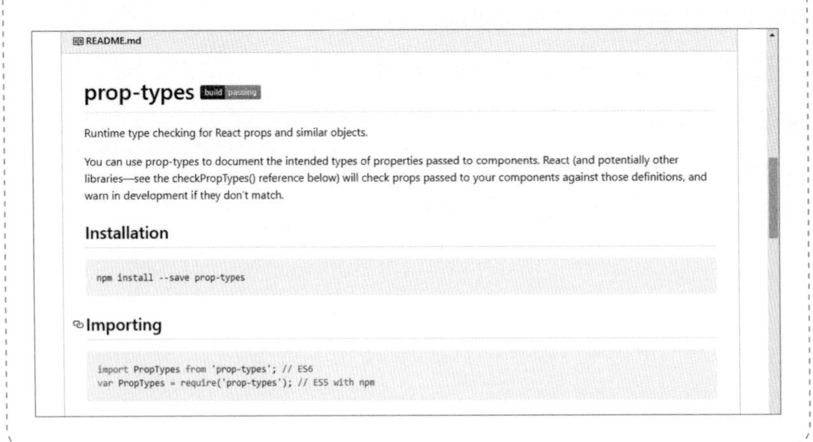
README.md

prop-types build passing

Runtime type checking for React props and similar objects.

You can use prop-types to document the intended types of properties passed to components. React (and potentially other libraries—see the checkPropTypes() reference below) will check props passed to your components against those definitions, and warn in development if they don't match.

Installation

```
npm install --save prop-types
```

Importing

```
import PropTypes from 'prop-types'; // ES6
var PropTypes = require('prop-types'); // ES5 with npm
```

이게 prop-types야. 앞으로 영화 앱을 만들면서 prop-types를 더 적극적으로 사용할 예정이니까 꼭 복습하도록! 다음 시간에는 컴포넌트의 또 다른 핵심 개념인 state를 알아볼 거야! 점점 더 영화 앱을 만들 수 있는 기초 실력이 갖춰지는 게 느껴지지? 자신감을 가지고 다음으로 넘어가 보자.

prop-types 공식 문서 주소: github.com/facebook/prop-types

state와 클래스형 컴포넌트

그동안 음식 앱을 만드느라 수고했어. 그런데 슬픈 소식이 하나 있어. 이제 음식 앱과는 작별해야 해. 음식 앱은 컴포넌트, JSX, props를 배울 때는 적합하지만, 지금부터 배울 state라는 개념에는 적합하지 않거든. 기쁜 소식은 state 공부를 마치면 영화 앱을 만들 수 있게 된다는 거야. 그러면 천천히 state 공부를 시작해 보자.

노마드 코더 니꼬샘의 강의 보러가기

class component and state • https://youtu.be/rEazMgq2D8M

05-1 state로 숫자 증감 기능 만들어 보기

state를 공부할 차례야. state에는 어떤 특징이 있을까? state는 동적 데이터를 다룰 때 사용해. 동적 데이터란 말 그대로 변경될 가능성이 있는 데이터를 말해. 객체를 예로 들면 객체의 구성 요소 중 일부가 있다가 없을 수도 있고, 구성 요소가 하나였다가 둘이 될 수도 있고. props는 그런 데이터를 다루지 못해. 그래서 state를 배워야 하는 거야. state는 실습하면서 천천히 알아보자.

그런데 state는 클래스형 컴포넌트에서 사용할 수 있는 개념이야. 그러니 state를 사용하려면 클래스형 컴포넌트를 알아야 해. 그러면 클래스형 컴포넌트와 함께 state를 공부해 볼까?

이 파일로 실습을 시작해 보세요

클론 스타터 키트
clone-starter-kit-04.zip

액션 01 클래스형 컴포넌트 작성하기

슬프지만 클래스형 컴포넌트를 공부하기 위해서 지금까지 만든 컴포넌트를 모두 지워야 해. 두 줄만 남기고 모두 지워.

수정하자 ./src/App.js

```
import React from 'react';

export default App;
```

지워야 할 코드가 많아서 일부러 코드에 표시하지 않았어. 새 파일을 만드는 게 아니니까 착각하면 안 돼!

액션 02 다음과 같이 코드를 작성하자. 핵심은 App 클래스가 React.Component 클래스를 상속받도록 extends React.Component를 붙이는 거야. 이게 클래스형 컴포넌트의 기본 뼈대야.

수정하자 ./src/App.js

```
import React from 'react';
              App 클래스는
class App extends React.Component {<  React.Component 클래스를 상속받았어

}

export default App;
```

여기서 중요한 내용은 클래스형 컴포넌트가 되려면 'App 클래스가 리액트가 제공하는 Component 클래스를 반드시 상속받아야 한다'는 거야. 상속이라는 표현이 조금 어색하지? 그런데! 상속을 설명하려면 많은 지면과 시간이 필요해. 하지만 이 책은 클론 코딩으로 영화 앱을 만드는 것이 목표야. 그러니 상속에 대한 자세한 설명은 생략할 거야. 이해해줘.

상속이 궁금하면 아래에 있는 보충 수업을 읽어보세요. 물론 상속을 몰라도 실습에는 큰 문제가 없습니다.

'리액트가 제공하는 Component 클래스를 상속받는다'의 뜻은?

상속은 '클래스에 다른 클래스의 기능을 추가할 수 있게' 해줍니다. 예를 들어 다음 코드는 그냥 아무 기능도 없는 App 클래스를 만든 것에 불과합니다.

```
class App {
  // nothing...
}
```

하지만 extends React.Component를 붙이면(리액트가 제공하는 Component 클래스를 상속받으면) App 클래스에는 React.Component 클래스에 있는 기능이 추가됩니다. 말 그대로 App 클래스가 React.Component 클래스의 기능을 상속받은 거지요.

```
class App extends React.Component{
  // React.Component 클래스의 기능을 추가한 App 클래스
}
```

실제로 React.Component 클래스는 다음과 같이 500줄이 넘는 코드로 여러 기능이 구현되어 있습니다.

```
import * as CSS from 'csstype';
import * as PropTypes from 'prop-types';

type NativeAnimationEvent = AnimationEvent;
type NativeClipboardEvent = ClipboardEvent;
type NativeCompositionEvent = CompositionEvent;
(494줄의 코드 생략...)
```

만약 상속을 사용하지 않고 React.Component 클래스의 기능을 App 클래스에서 사용하려면 App 클래스에 이 코드를 일일이 따라 입력해야겠지요? 그래서 상속을 사용하는 겁니다. 계속해서 액션을 따라가 봅시다!

클래스 형태의 App 컴포넌트를 작성했어. 이제 App 컴포넌트가 JSX를 반환해야 해. 그런데 지금의 App 컴포넌트는 클래스라서(함수가 아니라서) return 문을 사용할 수 없고, 그래서 함수 형태의 App 컴포넌트처럼 JSX를 반환할 수가 없어. 어떻게 해야 클래스형 컴포넌트가 JSX를 반환할 수 있을까? 클래스형 컴포넌트에서는 JSX를 반환하기 위해 render( ) 함수를 사용해.

함수형 컴포넌트는 return 문으로, 클래스형 컴포넌트는 render( ) 함수로 JSX를 반환합니다.

액션 03 그럼 render( ) 함수를 사용해 보자. 다음과 같이 코드를 작성하면 돼.

수정하자 ./src/App.js

```
import React from 'react';

class App extends React.Component {
  render() {
    return <h1>I'm a class component</h1>;
  }
}

export default App;
```

I'm a class component

결과를 보면 함수형 컴포넌트를 사용했을 때와 별 차이가 없을 거야. 하지만 함수형 컴포넌트와 클래스형 컴포넌트는 분명히 코드에 차이가 있어. **함수형 컴포넌트는 return 문이 JSX를 반환하지? 하지만 클래스형 컴포넌트는 render() 함수가 JSX를 반환해.** 그리고 리액트는 클래스형 컴포넌트의 render() 함수를 자동으로 실행시켜 줘. 다시 말해 render() 함수는 우리가 직접 실행하지 않아도 실행되는 함수인 것이지. 여기까지가 클래스형 컴포넌트의 기초 개념이야.

잘 따라왔지? 복잡한 설명을 읽느라 놓쳤을 수 있는데, 우리가 클래스형 컴포넌트를 사용하는 이유가 뭐였지? 맞아. 'state를 사용하기 위함'이야.

render( ) 함수를 구현하지 않았는데도 사용할 수 있는 이유는 App 컴포넌트가 React.Component를 상속받았기 때문입니다.

액션 04 state 정의하기

state를 사용하려면 다음과 같이 state = { };라고 작성하여 state를 정의하면 돼.

클래스에 있는 state에 const나 let 키워드를 사용하지 않는 이유가 궁금하다면 ko.javascript.info/class#ref-739에 접속해 보세요.

수정하자 ./src/App.js

```
import React from 'react';

class App extends React.Component {
  state = {

  };
  render() {
    return <h1>I'm a class component</h1>;
  }
}

export default App;
```

위에서 보듯 state는 객체 형태의 데이터야. **그리고 state를 사용하려면 반드시 클래스형 컴포넌트 안에서, 소문자를 이용하여 state라고 적으면 돼.** 이제 state에 count를 추가한 다음 count의 키값을 출력해 보자.

액션 05 state에 count값 추가하고 사용하기

다음과 같이 state에 count라는 키를 추가하고 키값으로 0을 넣어. 그리고 render() 함수에서 {this.state.count}를 출력해.

수정하자 ./src/App.js

```
import React from 'react';

class App extends React.Component {
  state = {
    count: 0,
  };
  render() {
    return <h1>The number is: {this.state.count}</h1>;
  }
}

export default App;
```

The number is: 0

this.state는 현재 클래스에 선언한 state를 의미합니다. 그러므로 this.state.count는 현재 클래스에 선언한 state의 count 키값을 의미합니다.

어때. 값이 출력되었지? 하지만 아직 state를 제대로 사용하고 있지 않아. 아까도 말했듯이 state에 동적 데이터를 저장할 수 있어야 해. 바꿀 수 있는 데이터! 그러면 값을 바꿀 수 있도록 코드를 작성해야겠지? 그래. 이제 버튼을 클릭하는 등의 '사용자 동작'에 따라 state의 count를 바꿀 수 있도록 코드를 작성할 거야.

버튼을 눌러서 count state값 변경해 보기

다음과 같이 〈Add〉 버튼과 〈Minus〉 버튼을 추가하자.

수정하자 ./src/App.js

```
import React from 'react';

class App extends React.Component {
  state = {
    count: 0,
  };
  render() {
    return (
      <div>
        <h1>The number is: {this.state.count}</h1>
        <button>Add</button>
        <button>Minus</button>
      </div>
    );
  }
}

export default App;
```

The number is: 0

Add Minus

버튼이 잘 추가되었지? 이제 버튼을 누르면 어떤 작업을 해야 할까? 맞아. 〈Add〉 버튼을 누르면 this.state.count의 값을 증가시키고, 〈Minus〉 버튼을 누르면 this.state.count의 값을 감소시키면 돼. 그러면 2개의 함수가 필요하겠지?

add( ) 함수와 minus( ) 함수 작성하기

다음과 같이 add() 함수와 minus() 함수를 작성하자.

수정하자 ./src/App.js

```
import React from 'react';

class App extends React.Component {
  state = {
    count: 0,
  };

  add = () => {
    console.log('add');
  };

  minus = () => {
    console.log('minus');
  };

  render() {
    return (
      <div>
        <h1>The number is: {this.state.count}</h1>
        <button>Add</button>
        <button>Minus</button>
      </div>
    );
  }
}

export default App;
```

아직은 함수 동작만 확인할 거야. count state는 곧 변경할게

add( ), minus( ) 함수를 뚱뚱한 화살표(=>) 함수로 정의했습니다.

혹시 자바스크립트를 알고 있다면 add( ) 함수에 this.state.count++ 또는 this.state.count = this.state.count + 1과 같은 코드를 작성하고 싶을 거야. 그런데! 리액트에서는 이 방법을 허용하지 않아.

왜 그런지는 이따 코드를 다 작성하고 나서 알려 줄게. 일단 계속해서 코드를 작성하자. 어떻게 해야 버튼을 눌렀을 때 add( ), minus( ) 함수가 동작할까?

액션 08 버튼을 누르면 동작하도록 onClick 속성 추가하기

button 엘리먼트에 onClick이라는 속성을 넣고, 속성값으로 this.add와 같이 함수를 넣어 주면 돼.

수정하자 ./src/App.js

```
import React from 'react';

class App extends React.Component {
  (생략...)

  render() {
    return (
      <div>
        <h1>The number is: {this.state.count}</h1>
        <button onClick={this.add}>Add</button>
        <button onClick={this.minus}>Minus</button>
      </div>
    );
  }
}

export default App;
```

액션 09 앱 동작 확인하기

〈Add〉 버튼을 4번 누르고, 〈Minus〉 버튼을 7번 눌렀어. 그러면 [Console] 탭에 다음과 같은 문장이 출력될 거야.

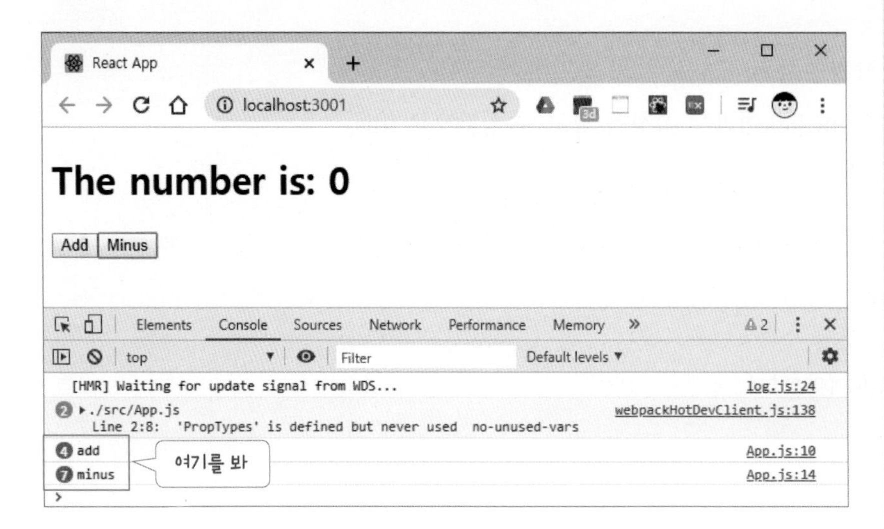

버튼은 자유롭게 눌러 보세요. 만약 처음부터 다시 실행해 보고 싶다면 새로 고침을 누르면 됩니다.

버튼이 잘 동작하니까, 이제 숫자가 변경될 수 있도록 코드를 작성하면 되겠네. 숫자를 변경하려면 어떻게 해야 할까?

05-2 숫자 증감 기능을 제대로 만들어 보기

그나저나 05-1을 잘 마쳤다면 아마도 지금쯤 "니꼬샘, state는 그냥 객체인데 뭐가 그렇게 특별하죠? state를 사용하려면 React.Component를 상속받은 클래스형 컴포넌트를 사용해야 하고, count state도 마음대로 변경하면 안 되고..."라는 생각을 하고 있을 거야.
맞아. state는 그냥 단순한 객체야. **하지만 리액트에서는 state를 특별하게 다뤄야 해. 그래서 this.state.count++와 같은 코드를 아직 작성하지 말라고 했던 거야.** 정말 그럴까?

액션 01 this.state.count 마음대로 바꿔 보기

여러분의 생각대로 'state는 말 그대로 그냥 객체'니까 this.state.count = 1 또는 this.state.count = -1과 같이 값을 바꿀 수 있다고 생각할 수 있어. 그 생각대로 App 컴포넌트의 add( ), minus( ) 함수를 수정해 보자.

수정하자 ./src/App.js

```
import React from 'react';

class App extends React.Component {
  state = {
    count: 0,
  };

  add = () => {
    console.log('add');
    this.state.count = 1;
  };
```

```
  minus = () => {
    console.log('minus');
    this.state.count = -1;
  };

  render() {
    return (
      (생략...)
    );
  }
}

export default App;
```

그런데 코드를 작성하고 저장하면 [Console] 탭에 Do not mutate state directly...라는 경고 메시지가 나타날 거야.

```
[HMR] Waiting for update signal from WDS...                                  log.js:24
⚠ ▸./src/App.js                                               webpackHotDevClient.js:138
   Line 2:8:   'PropTypes' is defined but never used        no-unused-vars
   Line 10:5:  Do not mutate state directly. Use setState()  react/no-direct-mutation-state
   Line 14:5:  Do not mutate state directly. Use setState()  react/no-direct-mutation-state
>
```

여기를 봐

경고 메시지의 내용은 'state를 직접 변경하지 말라'는 거야. 실제로 리액트는 state를 직접 변경하는 코드를 허용하지 않아. 그래서 버튼을 눌러도 0이 1이나 -1로 변하지 않을 거야. 한번 확인해 볼까?

액션 02 버튼을 눌러서 add( ), minus( ) 함수가 동작하는지 확인해 보자.

> 버튼이 동작하지 않는 것이 정상입니다. 숫자가 바뀌지 않는다고 당황하지 마세요!

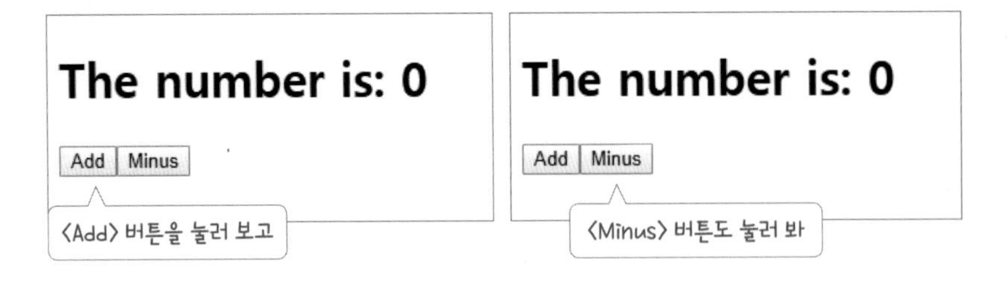

그래. 동작하지 않을 거야. 왜냐하면 리액트는 state를 직접 변경하지 못하게 하니까! 좀 더 자세히 설명해 줄게. **원래 리액트는 state가 변경되면 render( ) 함수를 다시 실행하여 변경된 state를 화면에 출력해. 그런데 state를 직접 변경하는 경우에는 render( ) 함수를 다시 실행하지 않아.** 리액트는 이런 방식으로 state를 직접 변경할 수 없도록 제한해. 이해했지? 그러면 state를 간접적으로 변경하는 방법을 알아야 하겠네? 그 비밀은 경고 메시지에 이미 있었어.

액션 03 경고 메시지 다시 살펴보기

경고 메시지를 다시 살펴볼까?

콘솔

```
Do not mutate state directly. Use setState( )
```

그래. setState( ) 함수를 사용해서 state의 값을 변경해야 해. 이제 setState( ) 함수는 무엇이고, 어떻게 사용하는지 알아보자.

액션 04 setState( ) 함수로 count state 변경하기

다음과 같이 setState( ) 함수의 첫 번째 인자로 count 키와 키값을 넣은 객체를 전달해 보자.

수정하자 ./src/App.js

```
import React from 'react';

class App extends React.Component {
  state = {
    count: 0,
  };

  add = () => {
    this.setState({ count: 1 });
  };
```

```
  minus = () => {
    this.setState({ count: -1 });
  };
(생략...)
```

코드에서 보듯 setState( ) 함수를 사용하는 방법은 아주 간단해. 내가 원하는 새로운 state를 인자로 넘겨주면 돼. 결과를 보니 count state가 1 또는 -1로 변하고 있어.

The number is: 1

Add Minus

The number is: -1

Add Minus

어떻게 이런 일이 가능할까? 리액트가 setState( ) 함수의 호출을 감시하고 있기 때문이야. setState() 함수가 동작하면 state가 새로운 값으로 바뀌고, 이어서 render( ) 함수를 동작시켜 화면을 업데이트시키는 거지.

기억하세요! setState( ) 함수에 새로운 객체를 전달하면 리액트가 자동으로 state에 반영해 줍니다.

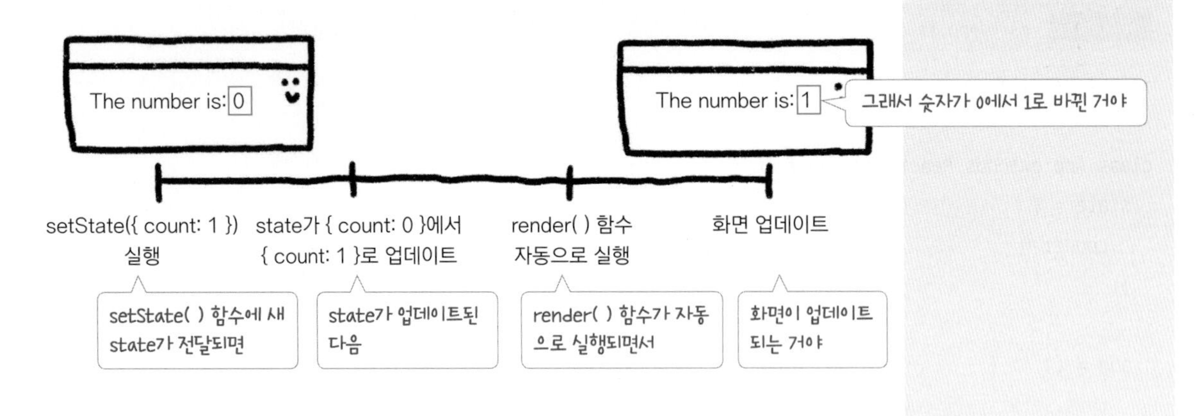

그러면 실제로 리액트 앱의 HTML은 어떻게 변할까? 확인해 보자.

액션 05 state의 변화에 따라 바뀌는 HTML 살펴보기

[Elements] 탭을 연 다음, div 엘리먼트 옆에 있는 ▶ 표시를 눌러서 펼쳐. 아래와 같이 만들면 돼. 그런 다음 〈Add〉 버튼과 〈Minus〉 버튼을 눌러 봐.

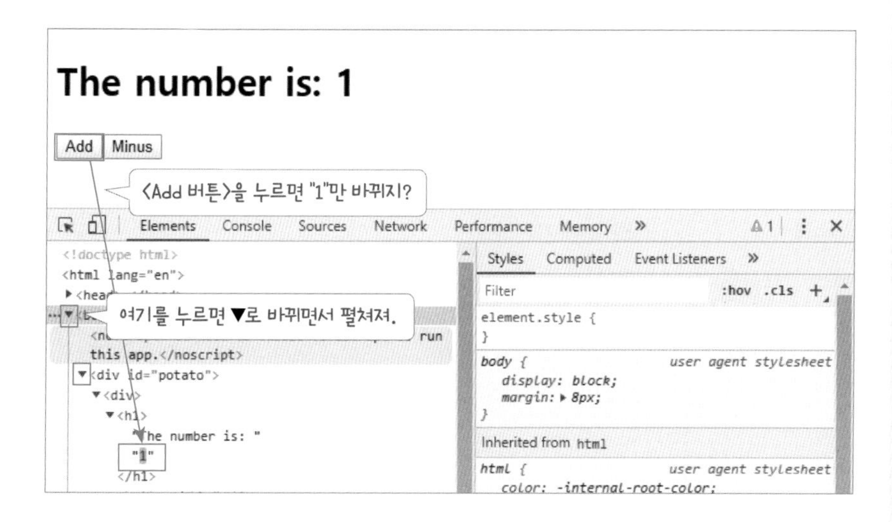

버튼을 번갈아 누르면 변경된 state의 값을 반영하려고 HTML만("1" 또는 "-1") 바뀔 거야. **이게 바로 내가 리액트 클론 코딩을 가르치기 시작하면서 '리액트가 화면 구성이 빠르다'고 말했던 이유야**(필요한 부분만 바뀌니까). 게다가 화면도 깜빡거리지 않아. 화면은 바뀌었지만 새로 고침이 일어나지 않는 거지. 어때? 리액트의 장점이 느껴지지?

액션 06 버튼을 누르면 count state의 값을 증가 또는 감소시키기

이제 다시 〈Add〉, 〈Minus〉 버튼을 누르면 add, minus( ) 함수에서 숫자를 증가시키거나 감소시키기로 했던 목적으로 돌아가자. 다음과 같이 코드를 작성하자.

아직은 count state를 증가시키거나 감소시키는 코드를 작성하지 않은 상태입니다.

수정하자 ./src/App.js

```
import React from 'react';

class App extends React.Component {
  state = {
    count: 0,
  };

  add = () => {
    this.setState({ count: this.state.count + 1 });
  };

  minus = () => {
    this.setState({ count: this.state.count - 1 });
  };
(생략...)
```

count state를 1만큼 증가시키고

count state를 1만큼 감소시키는 거야

{ count: … }와 같이 count state를 포함하여 객체를 setState( ) 함수에 전달하면 count state가 업데이트됩니다.

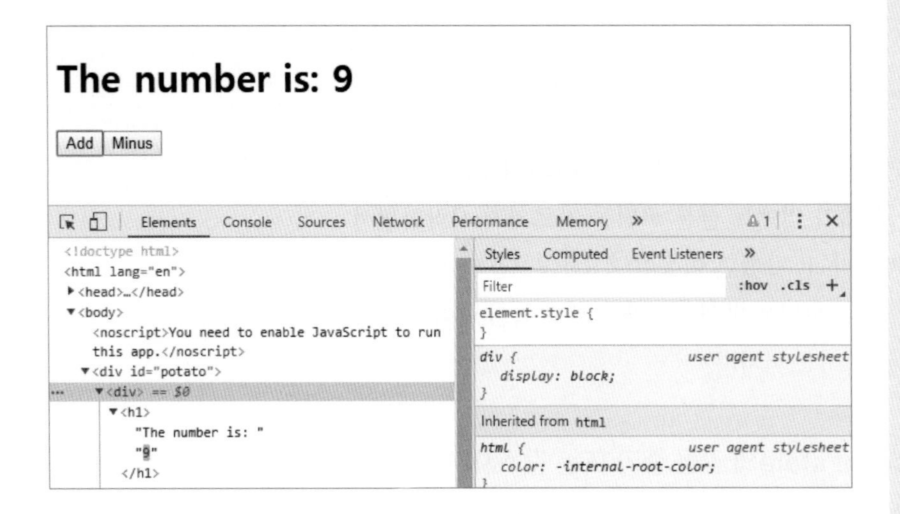

앱을 실행하면 잘 동작할 거야! 다만 { count: this.state.count + 1 }와 같이 코드를 작성하여 state를 업데이트하는 방법은 별로 좋지 않아. 성능 문제가 생길 수 있거든. 그 대신 setState( ) 함수의 인자로 함수를 전달하면 성능 문제 없이 state를 업데이트할 수 있어.

액션 07 add, minus( ) 함수 개선하기

다음과 같이 current 인자를 받아 객체({ count: current.count + 1 })를 반환하는 함수를 작성하여 setState( ) 함수에 전달해 보고, 결과도 확인해 보자.

수정하자 ./src/App.js

```
import React from 'react';

class App extends React.Component {
  state = {
    count: 0,
  };

  add = () => {
    this.setState(current => ({
      count: current.count + 1,
    }));
  };

  minus = () => {
    this.setState(current => ({
      count: current.count - 1,
    }));
  };
(생략...)
```

current에는 현재 state가 넘어와

그 state의 count에 1을 더하는 거야

The number is: -3

Add Minus

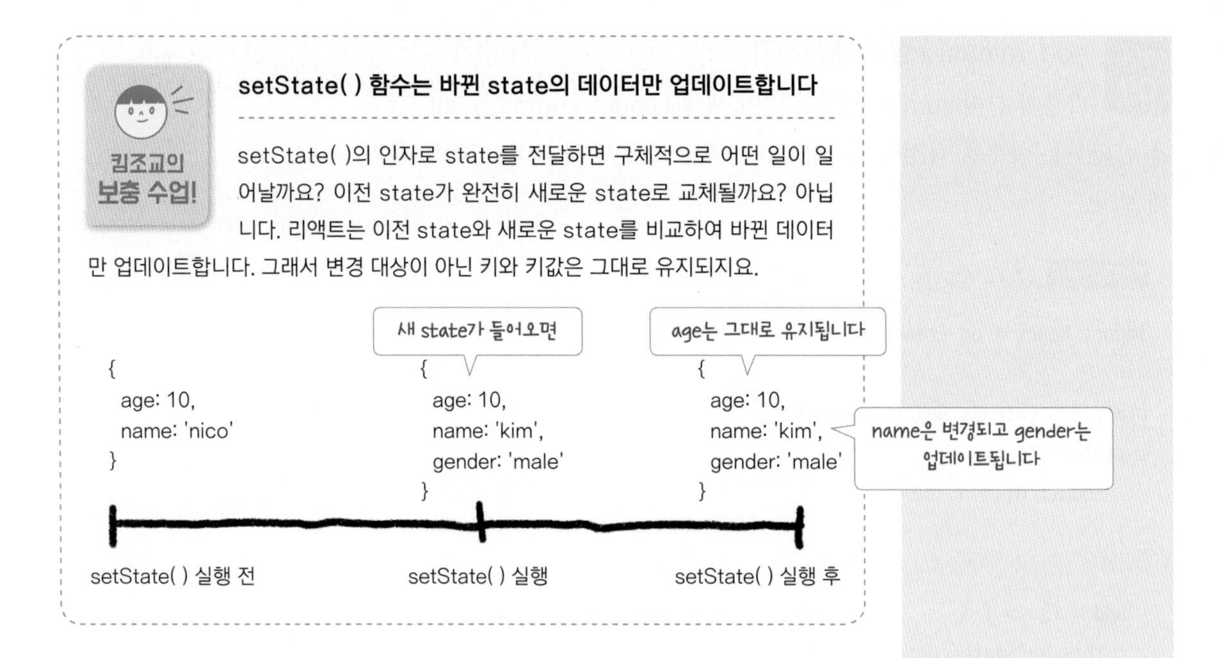

자! 이제 state의 사용 방법은 제대로 알았겠지? state는 동적 데이터를 사용할 때 반드시 도입해야 할 요소야. 영화 앱에서 동적 데이터를 다룰 때 state를 자주 사용할 거니까 잘 익혀 두도록 해.

05-3 클래스형 컴포넌트의 일생 알아보기

숫자 증감 기능을 만들면서 state와 클래스형 컴포넌트를 공부했어. 클래스형 컴포넌트를 쓰면 state와 render( ) 함수와 같은 우리가 구현하지 않았거나 리액트가 미리 구현해 놓은 함수를 쓸 수 있었어. 기억하지? 클래스형 컴포넌트에는 render( ) 함수 외에도 여러 함수가 있어. 그중에서도 클래스형 컴포넌트의 일생을 만들어 주는 생명주기 함수를 순서대로 알아볼 거야! 생명주기 함수를 왜 공부하냐고? **생명주기 함수를 이용해서 영화 데이터를 가져와야 하니까 그렇지.** 무슨 말인지는 차차 알게 될 거야.
생명주기 함수의 종류는 꽤 많아. 여기서는 생명주기 함수를 모두 공부하진 않을 거야. 시간도 많이 필요하겠지만, 우리는 영화 앱을 만드는 게 목표니까. 그러면 영화 앱 클론 코딩을 위한 생명주기 함수를 하나씩 알아볼까?

액션 01 constructor( ) 함수 알아보기

파일은 App.js를 그대로 사용하면 돼. 파일을 열고 constructor( ) 함수를 클래스형 컴포넌트 안에 작성하고 console.log( )로 아무 문장이나 출력해 보자. 그리고 render( ) 함수에도 console.log( )로 아무 문장이나 출력해 보자. 그런 다음 어떤 함수가 먼저 실행되는지 비교해 보자.

constructor( ) 함수는 생명주기 함수는 아니지만 클래스형 컴포컨트가 생성될 때 호출되므로 설명에 추가했습니다.

수정하자 ./src/App.js

```
import React from 'react';

class App extends React.Component {
  constructor(props) {
    super(props);
    console.log('hello');
  }
  (생략...)
```

```
  render() {
    console.log('render');
    return (
      <div>
        <h1>The number is: {this.state.count}</h1>
        <button onClick={this.add}>Add</button>
        <button onClick={this.minus}>Minus</button>
      </div>
    );
  }
}

export default App;
```

[Console] 탭의 결과를 보면 constructor( ) 함수에 있는 console.log( ) 함수가 먼저 실행될 거야. 아하! render( ) 함수보다 constructor( ) 함수가 먼저 실행되네.

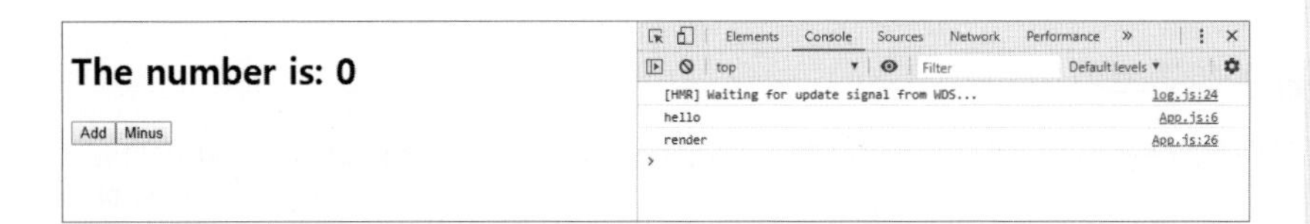

constructor( ) 함수에 전달되는 인자와 super(props)가 궁금할 거야. 하지만 이건 이 책에서 설명하는 내용의 범위를 넘어가므로 생략할 거야. 중요한 건 함수의 실행 순서야. 함수의 실행 순서만 알아도 리액트 앱을 만들 때 '언제 어디서 무슨 작업을 할 수 있을지' 결정할 수 있거든.

다음으로 알아볼 함수는 componentDidMount( )야. 함수 이름에서 짐작할 수 있듯이 컴포넌트가 처음 화면에 그려지면 실행되는 함수야.

constructor( ) 함수는 render( ) 함수보다 먼저 실행되지만 React.Component에 포함된 함수가 아닌 자바스크립트 함수입니다.

액션 02 componentDidMount( ) 함수 알아보기

componentDidMount( ) 함수를 작성한 다음, 그 안에 console.log( ) 함수를 작성하자. 함수를 작성하는 위치는 App 클래스 안이면 어디든 상관없어. render( ) 함수의 console.log( ) 함수의 인자도 조금 수정할게.

수정하자 ./src/App.js

```
(생략...)
  componentDidMount() {
    console.log('component rendered');
  }

  render() {
    console.log("I'm rendering");
    return (
      <div>
        <h1>The number is: {this.state.count}</h1>
        <button onClick={this.add}>Add</button>
        <button onClick={this.minus}>Minus</button>
      </div>
    );
  }
}

export default App;
```

I'm에 작은따옴표가 포함되어 있어서 이 문장만 큰따옴표로 감쌌어

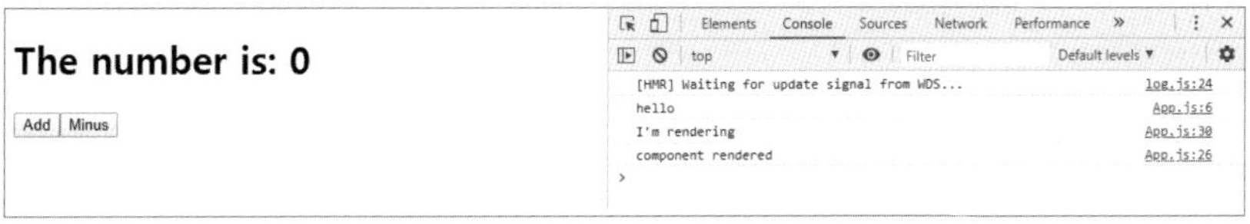

The number is: 0
Add
Minus
Elements
Console
Sources
Network
Performance
top
Filter
Default levels
[HMR] Waiting for update signal from WDS...
log.js:24
hello
App.js:6
I'm rendering
App.js:30
component rendered
App.js:26

[Console] 탭을 보면 render( ) 함수가 실행된 다음 componentDidMount( ) 함수가 실행된 것을 알 수 있어. 자! 여기까지 알아본 3가지 함수가 바로 리액트에서 마운트(Mount)로 분류하는 생명주기 함수야. render( ) 함수, constructor( ) 함수, componentDidMount( ) 함수를 잊지 마.

자바스크립트는 문자열을 작은, 큰따옴표 중 하나로 감싸 표현합니다.

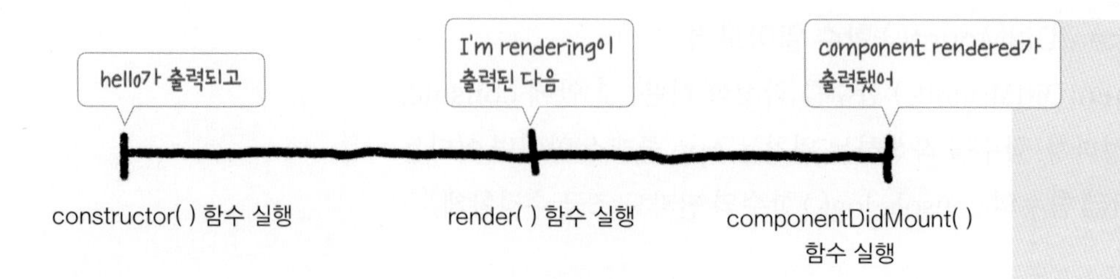

다음으로 알아볼 생명주기 함수는 리액트에서 업데이트(Update)로 분류한 생명주기 함수야. 그런데 업데이트로 분류한 생명주기 함수에서 우리가 알아야 할 함수는 componentDidUpdate( ) 함수뿐이야.

업데이트로 분류한 다른 생명주기 함수가 궁금하다면 ko.reactjs.org/docs/react-component에 접속해 보세요.

액션 03 componentDidUpdate( ) 함수 알아보기

componentDidUpdate( ) 함수를 작성한 다음, 그 안에 console.log( )를 작성하자. 이 함수의 위치도 App 컴포넌트 안이라면 어디든 괜찮아. 여기에서는 componentDidMount( ) 함수 아래에 작성했어.

수정하자 ./src/App.js

```
import React from 'react';

class App extends React.Component {
  (생략...)
  componentDidMount() {
    console.log('component rendered');
  }

  componentDidUpdate() {
    console.log('I just updated');
  }
  (생략...)
```

함수 이름에서 짐작할 수 있듯이 이 함수는 화면이 업데이트되면(새로 그려지면) 실행돼. 앞에서 만든 숫자 증감 앱에서 화면은 언제 업데이트됐지? 맞아. 〈Add〉 또는 〈Minus〉 버튼을 눌러서 setState( ) 함수를 실행시키는 경우였어. setState( ) 함수가 실행되면 자동으로 render( ) 함수가 다시 실행되면서 화면이 업데이트됐잖아.

액션 04 그래서 〈Add〉 또는 〈Minus〉 버튼을 누르면 I'm rendering과 I just updated라는 문장이 [Console] 탭에 출력될 거야. 한번 해봐.

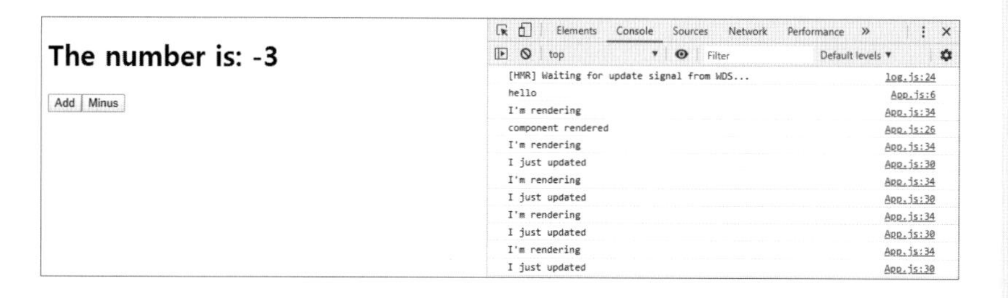

자! 리액트에서 업데이트로 분류한 생명주기 함수 중 componentDidUpdate() 함수를 알아봤어. 이 함수가 실행되는 시점은 화면이 업데이트되는 경우야. 꼭 기억해야 해.

setState( ) 함수가 실행되면 바뀐 state를 반영하기 위해 리액트가 자동으로 화면을 업데이트합니다.

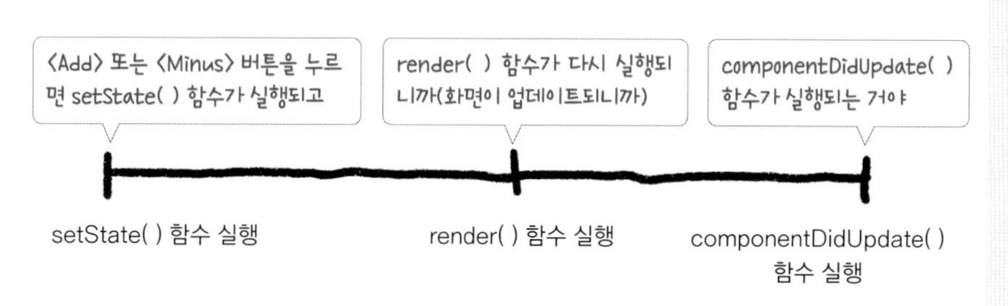

자! 이제 마지막 단계야. 마지막은 뭐겠어? 당연히 컴포넌트가 죽을 때야. 리액트에서는 컴포넌트가 죽을 때를 언마운트(Unmount)라고 분류해. 언마운트로 분류한 생명주기에서 꼭 알아야 할 함수는 componentWill Unmount( )야.

액션 05 componentWillUnmount( ) 함수 알아보기

componentWillUnmount( ) 함수를 작성한 다음, 그 안에 console.log( )를 작성하자. 이 함수 역시 App 컴포넌트 안이면 어디에 작성해도 괜찮아.

수정하자 ./src/App.js

```
(생략...)
  componentDidMount() {
    console.log('component rendered');
  }

  componentDidUpdate() {
    console.log('I just updated');
  }

  componentWillUnmount() {
    console.log('Goodbye, cruel world');
  }
(생략...)
```

아쉽게도 이 함수는 실행되지 않을 거야. 왜냐하면 아직 우리는 컴포넌트가 화면에서 떠나게 만드는 코드를 작성한 적이 없으니까 하지만 나를 믿어. componentWillUnmount( ) 함수는 컴포넌트가 화면에서 떠날 때 실행돼. 자! 이제 우리는 클래스형 컴포넌트에서 실행되는 생명주기 함수를 다 배웠어.

componentWillUnmount( ) 함수는 보통 컴포넌트에 적용한 이벤트 리스너를 제거할 때 많이 사용합니다.

05-4 영화 앱 만들기 워밍업

클래스형 컴포넌트의 생명주기 함수를 적용하여 Movie 컴포넌트를 구성해 보자.

액션 01 App 컴포넌트 비우기

지금까지 클래스형 컴포넌트 생명주기 함수를 공부하기 위해 작성한 코드는 안녕~ 이제부터는 영화 앱을 만드는 코드를 작성할 거야. 그러니까 다음과 같이 App 컴포넌트를 깨끗하게 정리하자.

수정하자 ./src/App.js

```
import React from 'react';

class App extends React.Component {
  render() {
    return <div />;
  }
}

export default App;
```

그런 다음 영화 앱 데이터를 로딩하는 모습을 상상해 보자. 처음에는 영화 앱 데이터가 없지만, 영화 앱 데이터를 로딩하면 그때는 영화 앱 데이터가 있겠지? 그런 상태를 구분해 줄 변수가 필요해. 그게 바로 isLoading state야.

액션 02 영화 데이터 로딩 상태 표시해 주기

isLoading state를 추가해 보자. isLoading state는 컴포넌트가 마운트되면 true여야 하니까(처음에는 로딩 상태니까) 다음과 같이 코드를 작성하면 돼.

isLoading state로 로딩 중 표시 기능을 만들 예정이므로 꼭 추가하길 바랍니다.

수정하자 ./src/App.js

```
import React from 'react';

class App extends React.Component {
  state = {
    isLoading: true,
  };
  render() {
    return <div />;
  }
}

export default App;
```

액션 03 isLoading state에 따라 '로딩 중이다', '로딩이 다 됐다'와 같은 문장을 화면에 출력하면 좋겠지? 구조 분해 할당과 삼항 연산자를 활용해서 로딩 상태를 알려 주는 문장을 출력하도록 만들자.

수정하자 ./src/App.js

```
import React from 'react';

class App extends React.Component {
  state = {
    isLoading: true,
  };
  render() {
    const { isLoading } = this.state;
    return <div>{isLoading ? 'Loading...' : 'We are ready'}</div>;
  }
}

export default App;
```

구조 분해 할당으로 this.state에 있는 isLoading을 우선 얻으면 항상 this.state를 입력하지 않아도 돼

isLoading을 삼항 연산자에 활용했어

삼항 연산자는 isLoading이 true이면 : 왼쪽의 문장을 false이면 : 오른쪽의 문장을 반환해 줍니다.

영화 앱을 실행해 보면 영화 데이터를 로딩하고 있음을 알려주고 있어. 별 내용이 없긴 하지만 영화 앱의 구성 요소를 개발한 거야.

> 아직은 영화 데이터를 로딩하고 있는 상태는 아닙니다. 하지만 영화 데이터가 없는 상태도 로딩 상태로 간주한 것입니다.

```
Loading...
```

자, 여기서 질문 하나! App 컴포넌트가 그려지면(render( ) 함수가 실행되면) 호출되는 생명주기 함수는 무엇일까? 바로 componentDidMount( ) 함수야. 이 함수에 setTimeout( ) 함수를 적용해서 영화 데이터가 로딩되는 현상을 구현해 보려고 해. 이제 조금씩 영화 앱 클론 코딩이 흥미로워질 거야.

액션 04 로딩 현상 구현하기

setTimeout( ) 함수는 첫 번째 인자로 전달한 함수를 두 번째 인자로 전달한 값(밀리초) 후에 실행해 줘. 6초 후에 isLoading state를 false로 바꿔보자.

수정하자 ./src/App.js

```
import React from 'react';

class App extends React.Component {
  state = {
    isLoading: true,
  };
  componentDidMount() {
    setTimeout(() => {
      this.setState({ isLoading: false });
    }, 6000);
  }
  render() {
    const { isLoading } = this.state;
    return <div>{isLoading ? 'Loading...' : 'We are ready'}</div>;
  }
}

export default App;
```

첫 번째 인자로 setTimeout(...)을 전달했고

state를 바꾸려면 setState() 함수, 알지?

두 번째 인자로 6000 밀리초를 전달했어

영화 앱을 실행한 상태라면 componentDidMount() 함수가 실행될 수 있도록 새로 고침을 해. 그러면 6초 후에 Loading...이라는 문장이 We are ready라는 문장으로 바뀔 거야. 영화 데이터를 로딩한다고 생각해 보면 이런 코드가 흥미롭게 느껴질 거야.

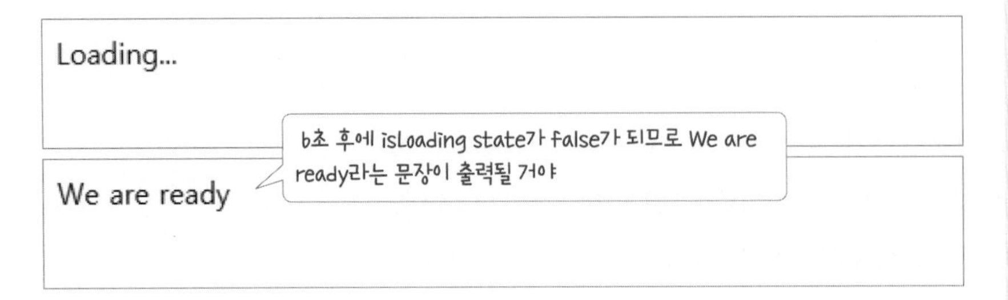

componentDidMount() 함수에서 무엇을 해야 할지 감이 잡혀? 그래. 바로 영화 앱을 로딩하는 거야. 그러려면 자바스크립트의 fetch() 함수를 알아야 하는데, fetch() 함수 역시 이 책의 설명 범위를 넘어가므로 생략할게. 그리고 fetch() 함수는 리액트 초보자가 사용하기에는 난이도가 조금 있는 편이라서 fetch() 함수 대신 Axios라는 도구를 사용할 거야. 아직 Axios를 사용할 단계는 아니니까 Axios라는 단어는 잠시 잊어버려. 다음 클론 코딩을 하면서 자연스럽게 사용하면서 설명할게.

액션 05 영화 데이터를 어디에 저장할까?

componentDidMount() 함수의 주석으로 된 부분을 너희도 똑같이 수정해. 바로 거기에 영화 데이터를 로딩할 거니까.

수정하자 ./src/App.js

```
import React from 'react';

class App extends React.Component {
  state = {
    isLoading: true,
  };
  componentDidMount() {
    // 영화 데이터 로딩!
```

영화 데이터 로딩이 완료되면

```
    setTimeout(() => {
      this.setState({ isLoading: false });
    }, 6000);
  }
  render() {
    const { isLoading } = this.state;
    return <div>{isLoading ? 'Loading...' : 'We are ready'}</div>;
  }
}

export default App;
```

여기에 영화 데이터를 출력할 거야

그러면 로딩된 영화 데이터는 어디에 저장해야 할까? 그래, state에 저장하면 돼.

액션 06 영화 데이터를 로딩한 다음 movies state에 저장하려면 어떻게 해야 할까? 로딩된 영화 데이터를 저장할 수 있도록 movies state를 만들자. 자료형은 당연히 배열이고, 여기에 객체 원소가 쭈루루룩 들어올 거야.

수정하자 ./src/App.js

```
import React from 'react';

class App extends React.Component {
  state = {
    isLoading: true,
    movies: [],
  };
  componentDidMount() {
    // 영화 데이터 로딩!
    setTimeout(() => {
      this.setState({ isLoading: false });
    }, 6000);
  }
```

여기를 수정하면 돼

```
  render() {
    const { isLoading } = this.state;
    return <div>{isLoading ? 'Loading...' : 'We are ready'}</div>;
  }
}

export default App;
```

여기서 "니꼬샘, state는 항상 미리 계획해서 생성해 두어야 하나요?"와 같은 의문이 들 수 있어. 자연스러운 현상이야. 내가 state를 미리 계획해서 생성하는 이유는 좋은 코딩 습관을 갖기 위해서야. 다음과 같이 나중에 setState() 함수로 movies state에 데이터를 추가해도 상관없어.

```
state = { isLoading: true };
(생략...)
this.setState( { isLoading: false, movies: /* 로딩된 영화 데이터... */ });
```

처음에 없던 movies state를 로딩 이후 setState( )로 추가해도 돼

하지만 이런 프로그래밍은 좋지 않은 방법이야. 그래서 나는 '미리 데이터를 정의하기'를 권장해. 앱을 실행해 보면 여전히 변화가 없을 거야(6초 후에 We are ready라는 문장 출력). 이제 여기에 영화 데이터를 로딩해 보자.

영화 앱 만들기

이제 최신 영화 데이터를 인기, 좋아요 등 여러 가지 기준으로 가져온 다음, 그 내용을 보여주는 영화 앱을 만들 거야. 음식 앱을 만들 때는 데이터를 직접 손으로 입력했지? 이제는 API를 사용하니까 그럴 필요가 없어. API는 무엇이고 또 API는 어떻게 사용해야 하는 걸까? 클론 코딩을 하면서 이런 내용을 자연스럽게 다 알아볼 거야. 그럼 시작해 보자.

노마드 코더 니꼬샘의 강의 보러가기

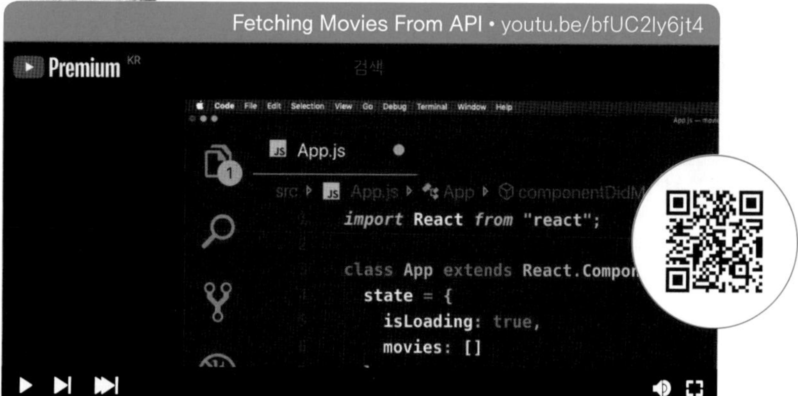

06-1 영화 API 사용해 보기

영화 데이터를 로딩하려면 자바스크립트의 fetch( )라는 함수가 필요하다고 했고, fetch( ) 함수 대신 axios라는 도구를 사용하겠다고 했던 내용 기억하지? 그래. 우리는 axios를 사용해서 영화 앱을 만들 거야.

이 파일로 실습을 시작해 보세요

클론 스타터 키트
clone-starter-kit-05.zip

액션 01 axios 설치하기

axios를 설치하자. 터미널에 다음과 같이 입력하면 돼.

```
C:\_ 명령 프롬프트
> npm install axios
```

axios를 설치했다면, 이제 우리가 사용할 영화 API를 알아볼 차례야. 이 책에서는 YTS라는 곳에서 제공하는 영화 데이터 API를 사용할 거야.

액션 02 YTS 영화 데이터 API 살펴보기

크롬 브라우저 주소 입력 창에 yts.lt/api라고 입력하면 YTS 영화 데이터 API 사이트에 접속할 수 있어. 여기서 우리는 'List Movies API'라는 기능을 사용할 거야. 〈List Movies〉를 눌러 봐.

vpn 팝업 광고만 나타날 경우 크롬 브라우저에서 Ctrl + Shift + R을 눌러 캐시 새로 고침을 해보세요.

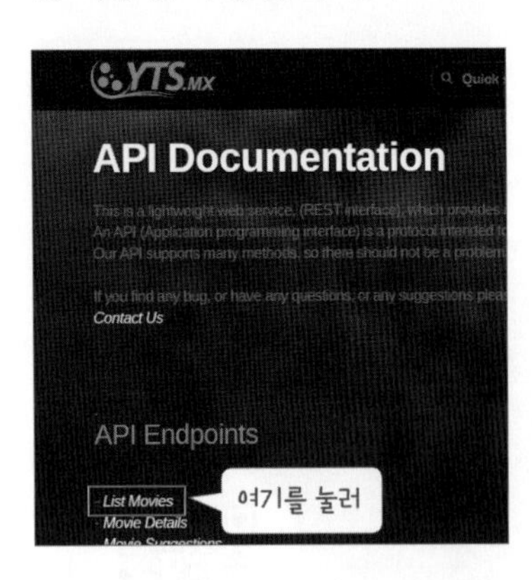

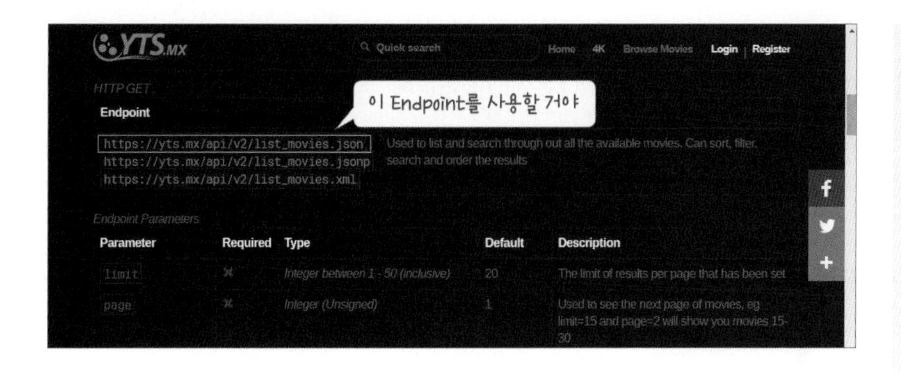

Parameter는 API의 기본 사용 방법을 공부한 다음 알아봅니다.

API는 그림에서 보듯 특정 주소(Endpoint라고 적힌 곳의 주소 참고)를 입력하면 그 주소에 맞는 결과를 보내 줘. 그리고 추가로 특정 주소에 조건(Endpoint Parameters라고 적힌 곳 참고)을 붙여 입력하면 그 조건까지 고려한 결과를 보내주지. 우리는 Endpoint의 가장 위에 있는 주소를 사용할 거야. 이 주소는 최신 영화 20개에 대한 데이터를 기본으로 보내줘.

액션 03 영화 목록 데이터 확인해보기

정말 그런지 API를 바로 사용해 볼까? 크롬 브라우저 주소 창에 있는 Endpoint의 주소 중 .json으로 끝나는 주소를 입력해 봐.

Endpoint 주소: yts.mx/api/v2/list_movies.json


```
{"status":"ok","status_message":"Query was successful","data":{"movie
[{"id":16149,"url":"https:\/\/yts.mx\/movie\/the-marine-4-moving-targ
Target","title_english":"The Marine 4: Moving Target","title_long":"T
target-2015","year":2015,"rating":5.2,"runtime":90,"genres":["Action"
to protect a \"high-value package,\" a beautiful whistleblower trying
armed team of mercenaries has been hired to kill her, along with anyo
man fighting machine to stop them.","description_full":"Jake Carter i
whistleblower trying to expose a corrupt military defense contractor.
her, along with anyone who gets in their way, and it's going to take
them.","synopsis":"Jake Carter is assigned to protect a \"high-value
```


그러면 복잡해 보이는 텍스트가 화면에 표시되는 것을 볼 수 있어. 이건 JSON 데이터야. 그냥 간단하게 자바스크립트의 객체와 비슷한 데이터라고 이해하면 돼. 아무튼 지금은 JSON 데이터에 줄바꿈이 없어서 보기가 어려워. JSON 데이터를 좀 더 편하게 보려면 크롬 브라우저의 'JSON Viewer'라는 확장 도구를 설치하면 돼.

액션 04 JSON Viewer 확장 도구 설치하기

크롬 웹 스토어에서 JSON Viewer를 검색한 다음 〈Chrome에 추가〉를 눌러 JSON Viewer를 설치하자.

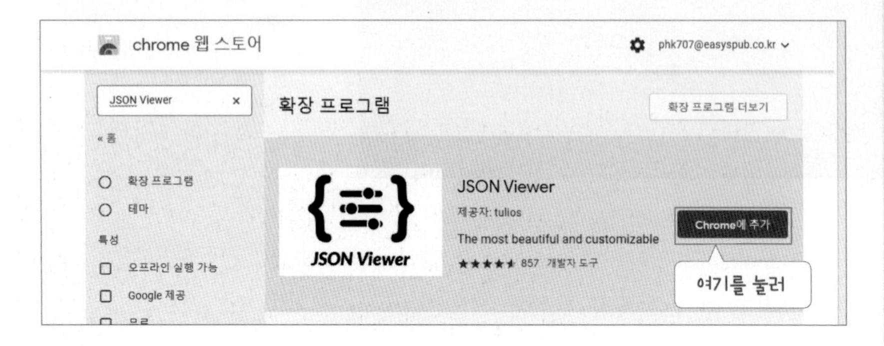

액션 05 JSON Viewer를 설치한 다음 액션 03에서 접속했던 주소로 다시 접속하면 JSON 형식의 데이터가 깔끔하게 출력될 거야.

```
1   // 20200323100345
2   // https://yts.mx/api/v2/list_movies.json
3
4   {
5     "status": "ok",
6     "status_message": "Query was successful",
7     "data": {
8       "movie_count": 15762,
9       "limit": 20,
10      "page_number": 1,
11      "movies": [
12        {
13          "id": 16149,
14          "url": "https://yts.mx/movie/the-marine-4-moving-target-2015",
15          "imdb_code": "tt3528666",
16          "title": "The Marine 4: Moving Target",
17          "title_english": "The Marine 4: Moving Target",
18          "title_long": "The Marine 4: Moving Target (2015)",
19          "slug": "the-marine-4-moving-target-2015",
20          "year": 2015,
```

응답 상태는 OK야

영화 데이터가 15,762개나 되네

여기에 영화 데이터가 들어 있어

movie 키값을 보면 title, year와 같은 값이 보이지요? 그게 영화 데이터입니다.

여러 정보가 보이지? API가 영화 데이터를 출력해 준 거야. 하나씩 살펴볼까? status 키값은 응답 상태 메시지야. API의 응답 상태가 정상이므로 "ok"라고 문자열을 보내주고 있어. data 키값에 영화 데이터가 포함되어 있어. movie_count 키값은 API가 보내준 영화 데이터의 개수고, limit 키값은 보내준 데이터의 개수야. 이런 식으로 API의 데이터를 살펴보면 돼. 알겠지?

movies 키값이 API에서 보내준 영화 데이터 알맹이야. 화면에서 보듯 movies는 배열이고, 그 안에 객체가 들어있어. 객체에는 id, url, imdb_code, title, ...와 같은 키값이 보이네. 어때? 우리가 음식 앱에 입력한 데이터와 동일한 구조지? 음식 앱과 비슷하게 영화 앱을 만들 수 있을 것 같네.

그런데 YTS에는 문제가 하나 있어. YTS에서 영화 토렌트 파일을 업로드하고 있거든. 이건 불법이야. 알지? 그러다 보니 매번 접속해야 하는 주소가 변경돼. 이 책이 나온 이후에 주소가 바뀌면 영화 앱을 만들기 곤란하겠지? 그래서 내가 여러분을 위해 YTS proxy API를 만들었어. 앞으로 이걸 일명 '노마드 코더 영화 API'라 부를게. 이건 불법이 아니니까 써도 괜찮아.

액션 06 노마드 코더 영화 API를 사용하자

노마드 코더 영화 API 깃허브에 접속해보면 README.md에 간단한 소개 글이 적혀 있을 거야. How to use를 읽어 보자.

노마드 코더 영화 API 깃허브 주소: github.com/serranoarevalo/yts-proxy

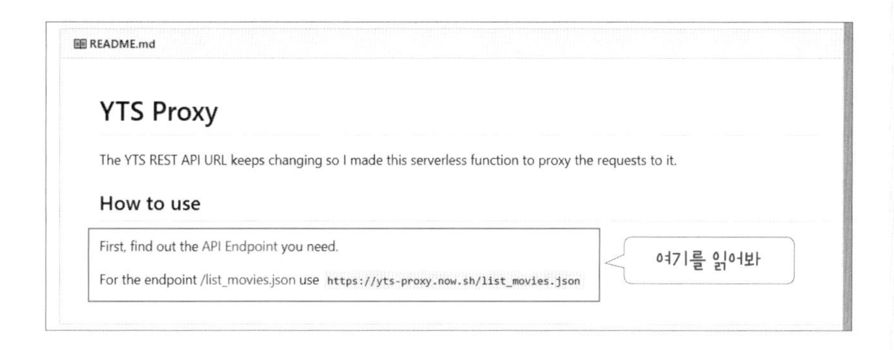

YTS의 endpoint /list_movies.json을 쓰려면 yts-proxy.now.sh에 /list_movies.json를 붙이면 된다고 설명하고 있어. 만약 YTS의 다른 endpoint와 함께 노마드 코더 영화 API를 쓰려면 yts-proxy.now.sh에 endpoint를 붙이기만 하면 돼. 다음 표를 보면 노마드 코더 영화 API를 어떻게 써야 할지 대충 감이 올 거야.

endpoint	YTS API	노마드 코더 영화 API
list_movies	yts.mx/api/v2/list_movies.json	yts-proxy.now.sh/list_movies.json
movie_details	yts.mx/api/v2/movie_details.json	yts-proxy.now.sh/movie_details.json

yts-proxy.now.sh에 endpoint를 붙여서 쓴다고 이해하면 됩니다.

액션 07 yts-proxy.now.sh/list_movies.json를 입력하면 액션 05에서 본 것과 같은 결과를 얻을 수 있을 거야.

```
1   // 20200323102941
2   // https://yts.mx/api/v2/list_movies.json
3
4   {
5     "status": "ok",
6     "status_message": "Query was successful",
7     "data": {
8       "movie_count": 15762,
9       "limit": 20,
10      "page_number": 1,
11      "movies": [
12        {
13          "id": 16149,
14          "url": "https://yts.mx/movie/the-marine-4-moving-target-2015",
15          "imdb_code": "tt3528666",
16          "title": "The Marine 4: Moving Target",
17          "title_english": "The Marine 4: Moving Target",
18          "title_long": "The Marine 4: Moving Target (2015)",
```

이제 API가 무엇이고, 어떻게 사용하는지 알았지?

액션 08 영화 정보 더 자세히 살펴보기

마지막으로 영화 정보를 더 자세히 보여주는 노마드 코더 영화 API를 사용해 보자. yts-proxy.now.sh/movie_details.json를 입력하면 돼.

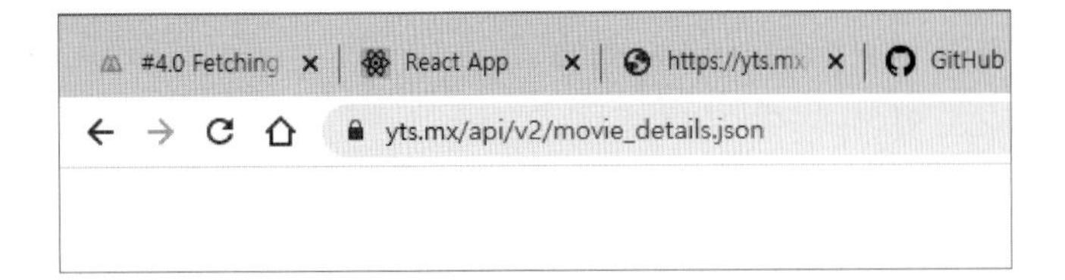

앗! 그런데 아무것도 안 나오네. 왜냐하면 영화 정보를 더 자세히 보여주는 API가 movie_id라는 조건을 요구하기 때문이야.

액션 09 영화 정보를 더 자세히 보기 위해 조건 추가하기

yts.mx/api#movie_details에 접속하면 movie_details Endpoint는 movie_id가 필수임을 알 수 있어. 즉, movie_id를 yts-proxy.now.sh/movie_details.json에 추가해야 해.

체크 표시는 필수이고 엑스 표시는 선택입니다.

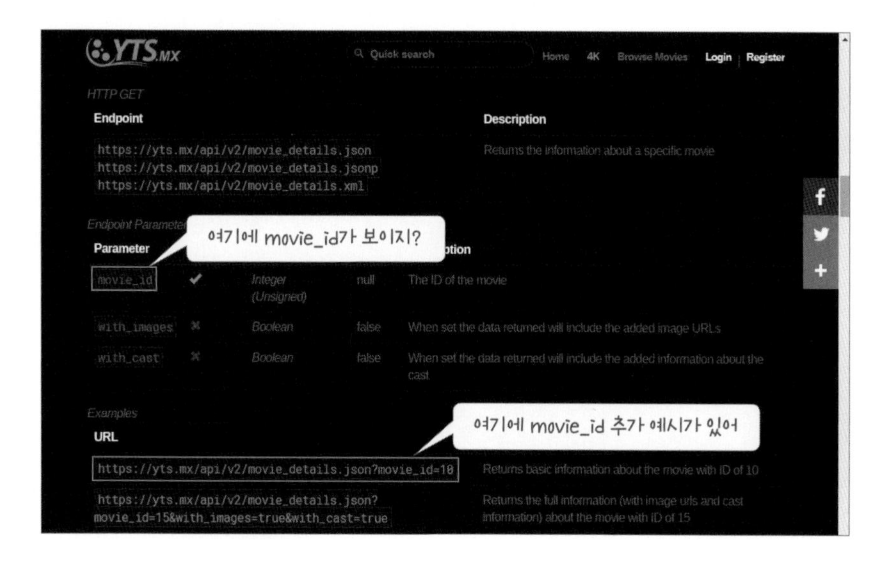

Examples에 있는 주소를 참고하면 movie_id를 어떻게 추가해야 하는지 알 수 있어. 한번 해볼까?

액션 10 movie_id가 10인 영화 정보 살펴보기

기억하고 있지? 우리는 노마드 코더 영화 API를 사용할 거니까 yts-proxy.now.sh로 시작하는 주소를 쓰면 돼. yts-proxy.now.sh/movie_details.json를 입력한 다음 ?movie_id=10을 이어 붙이면 아이디가 10인 영화의 자세한 정보가 나타날 거야.

yts-proxy.now.sh/movie_details.json?movie_id=10이라고 입력하세요.

```
1   // 20200323104542
2   // https://yts.mx/api/v2/movie_details.json?movie_id=10
3
4   {
5     "status": "ok",
6     "status_message": "Query was successful",
7     "data": {
8       "movie": {
9         "id": 10,
10        "url": "https://yts.mx/movie/13-2010",
11        "imdb_code": "tt0798817",
12        "title": "13",
13        "title_english": "13",
14        "title_long": "13 (2010)",
15        "slug": "13-2010",
16        "year": 2010,
17        "rating": 6.1,
18        "runtime": 91,
19        "genres": [
20          "Action",
21          "Crime",
22          "Drama",
23          "Thriller"
24        ],
25        "download_count": 235099,
26        "like_count": 259,
```

입력한 API URL이 여기에 표시돼

이런 식으로 영화 정보를 하나하나 자세히 가져오면 year, rating, runtime, genres, ... 등과 같은 정보도 영화 앱에 출력할 수 있을 거야. 그러면 우리의 영화 앱에서 API를 사용하려면 어떻게 해야 할까? 아주 간단해. App.js 파일 맨 위에 axios를 import한 다음, componentDidMount( ) 함수에서 axios로 API를 호출하면 돼.

yts-proxy.now.sh/list_movies.json로 얻은 영화 정보와 어떤 점이 다른지 비교해 보세요.

액션 11 노마드 코더 영화 API를 영화 앱에서 호출하기

axios.get( ) 함수의 인자에 URL을 전달하여 API를 호출했어. 그리고 setTimeout(...)은 이제 사용하지 않을 코드니까 지우자. axios 임포트도 잊지 마.

수정하자 ./src/App.js

```
import React from 'react';
import axios from 'axios';

class App extends React.Component {
  state = {
    isLoading: true,
```

```
    movies: [],
  };
  componentDidMount() {
    setTimeout(() => {
      this.setState({ isLoading: false });
    }, 6000);
    axios.get('https://yts-proxy.now.sh/list_movies.json');
  }
  render() {
    const { isLoading } = this.state;
    return <div>{isLoading ? 'Loading...' : 'We are ready'}</div>;
  }
}

export default App;
```

여기는 지우고

axios로 API를 호출해 보자

컴포넌트가 마운트되면 axios.get( ) 함수가 실행되며 영화 데이터를 가져오겠지요?

영화 앱을 실행해 보면 여전히 Loading...이라고만 나올 거야. 하지만 중요한 건 axios가 동작하고 있다는 거야. 오류가 발생하지 않으니까. 즉, axios는 분명 API에 영화 데이터를 요청하고 있어. 어떻게 그 사실을 알 수 있을까?

액션 12 axios의 동작 확인해 보기

[Network] 탭을 연 다음 영화 앱을 새로 고침하자. 그러면 [Network] 탭의 내용 중 Name이라는 항목에 list_movies.json이라고 나온 부분이 있어. 이건 axios가 API를 호출하고 있기 때문에 생긴 거야.

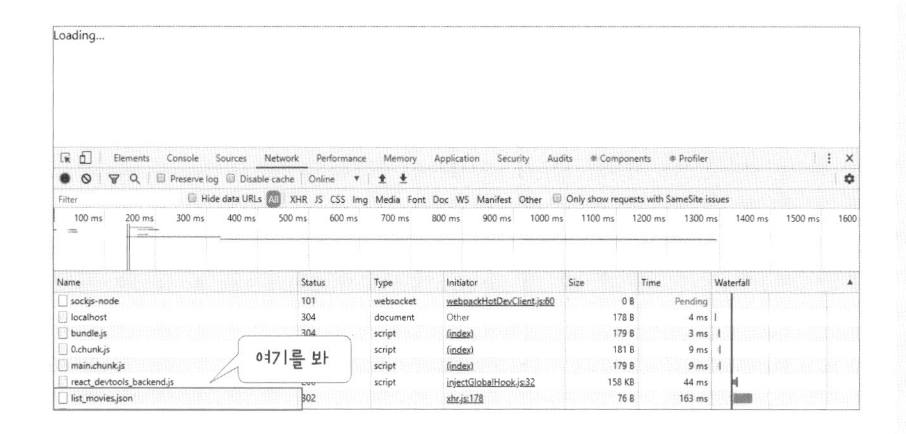

[Network] 탭을 보니 axios로 얻은 데이터로 아무것도 하지 않고 있을 뿐이지 axios는 분명 잘 동작하고 있는 것 같아. 혹시 [Console] 탭에 오류가 나타났다면 이후 내용을 진행하면 자연스럽게 고쳐질 거니까 걱정하지 마. 아무튼 이제 axios를 활용한 API 호출에 성공했으니 우리에게 필요한 영화 데이터를 추출하면 되겠네.

여기서 잠깐! axios는 네트워크를 사용하므로 느리게 동작해. 그래서 axios.get( )이 반환한 영화 데이터를 잡으려면 자바스크립트에게 axios.get( )을 포함하고 있는 함수의 실행이 끝날 때까지 시간이 걸릴 수 있다고 말해야 해. 그러니 axios.get( )의 실행이 분리될 수 있도록 새 함수를 만들자.

액션 13 getMovies( ) 함수 기다린 다음, axios.get( ) 함수가 반환한 데이터 잡기

getMovies( ) 함수를 만들고, 그 함수 안에서 axios.get( )이 실행되도록 만들자. axios.get( )이 반환한 값은 movies에 저장했어.

수정하자 ./src/App.js

```
import React from 'react';
import axios from 'axios';

class App extends React.Component {
  state = {
    isLoading: true,
    movies: []
  };
  getMovies = () => {
      const movies = axios.get("https://yts-proxy.now.sh/list_movies.
json");
  }
  componentDidMount() {
     const movies = axios.get("https://yts-proxy.now.sh/list_movies.
json");
     this.getMovies();
  }
```

여기에서 axios.get( )을 실행할 예정이야

axios.get( )이 반환한 결과를 movies에 저장했어

이 단계에서는 movies에 영화 데이터가 제대로 저장되지 않습니다. 액션 14에 도달해야 movies 영화 데이터가 제대로 저장됩니다.

```
  render() {
    const { isLoading } = this.state;
    return <div>{isLoading ? "Loading..." : "We are ready"}</div>;
  }
}

export default App;
```

이제 componentDidMount( ) 함수가 실행되면 this.getMovies( )가 실행될 거야. **이때 자바스크립트에게 'getMovies( ) 함수는 시간이 좀 필요해'** 라고 말해야만 axios.get( )이 반환한 데이터를 제대로 잡을 수 있어. 그렇게 하려면 두 가지 키워드가 필요해. 그게 바로 async, await야.

액션 14 getMovies( )에 async 붙이고, axios.get( )에 await 붙이기

자바스크립트에게 'getMovies( ) 함수는 시간이 필요해'라고 말하려면 async를 ( ) 앞에 붙이고 실제 시간이 필요한 대상인 axios.get( ) 앞에 await를 붙이면 돼. movies에 있는 값이 궁금하면 console.log( )로 출력해 봐도 좋아.

수정하자 ./src/App.js

```
import React from 'react';
import axios from 'axios';

class App extends React.Component {
  state = {
    isLoading: true,
    movies: []
  };
  getMovies = async () => {
    const movies = await axios.get("https://yts-proxy.now.sh/list_movies.
json");
  };
  componentDidMount() {
    this.getMovies();
  }
```

자바스크립트에게 getMovies( ) 함수는 시간이 필요하고

axios.get( )의 실행을 기다려 달라고 말해주는 거야

async, await가 궁금하다면 ko.javascript.info/async-await을 읽어보세요.

```
  render() {
    const { isLoading } = this.state;
    return <div>{isLoading ? "Loading..." : "We are ready"}</div>;
  }
}

export default App;
```

사실 async라는 키워드는 자바스크립트에게 getMovies( ) 함수가 비동기라고 말해주는 거야. 자바스크립트에게 'getMovies( ) 함수는 비동기라서 기다려야 해'라고 자바스크립트에게 말한 거라고 생각하면 돼. await라는 키워드는 자바스크립트에게 'getMovies( ) 함수 내부의 axios.get( )의 실행 완료를 기다렸다가 끝나면 계속 진행해 줘'라고 말한 거야.

여기서 우리가 집중해야 할 내용은 'API에서 데이터를 받아오는 axios.get( )을 실행하려면 시간이 필요하고, 그 사실을 자바스크립트에게 알려야만 데이터를 잡을 수 있으므로 async, await를 사용했다'는 거야. 만약 async, await가 무엇인지 궁금하다면 자바스크립트를 공부해야 해. 앱을 실행해 보면 아직 큰 변화가 없을 거야. 하지만 바로 다음 내용에서 axios.get( )으로 잡은 영화 데이터를 출력해 볼 거야. 기대해!

여전히 영화 앱에서는 로딩 메시지가 출력될 것입니다.

지금까지 만든 영화 앱의 실행 시나리오를 복습해 볼까요?

자, 영화 앱을 클론 코딩하느라 정신없었지요? 지금까지 만든 영화 앱의 실행 시나리오를 복습해 봅시다. 리액트 앱이 실행되면 최초로 render( ) 함수가 실행됩니다. 최초의 state에는 isLoading, movies가 있겠네요. isLoading는 true이고 movies는 빈 배열이겠지요? 그러다 보니 최초의 실행 화면에는 Loading...이 표시됩니다.
이어서 App 컴포넌트가 마운트되면 compoeenentDidMount( ) 함수가 실행되면서 getMovies( ) 함수가 실행될 것입니다. 그런데 getMovies( ) 함수에는 시간이 많이 걸리는(느린) axios.get( )이 포함되어 있습니다. 그래서 getMovies( ) 함수에 async를, axios.get( )에 await를 붙였습니다. 이때 async는 await와 짝꿍입니다. 그래서 둘은 동시에 사용해야 한다는 것을 기억해 주세요.

06-2 영화 데이터 화면에 그리기

앞에서 async, await 키워드와 axios.get( )을 통해 API를 호출했어. 그 결과 API가 보내준 데이터가 movies에 들어 있을 거야. movies를 console.log( ) 함수로 출력해 보면서 어떻게 사용할지 계획을 세워보자.

액션 01 conosle.log( ) 함수로 영화 데이터 출력해 보기

axios.get( )으로 잡은 영화 데이터가 movies 변수 안에 들어 있으니까 console.log(movies)를 통해 출력해 보자.

수정하자 ./src/App.js

```
import React from 'react';
import axios from 'axios';

class App extends React.Component {
  state = {
    isLoading: true,
    movies: [],
  };
  getMovies = async () => {
    const movies = await axios.get('https://yts-proxy.now.sh/list_mov-
ies.json');
    console.log(movies);
  };
  componentDidMount() {
    this.getMovies();
  }
  render() {
    const { isLoading } = this.state;
```

```
    return <div>{isLoading ? 'Loading...' : 'We are ready'}</div>;
  }
}

export default App;
```

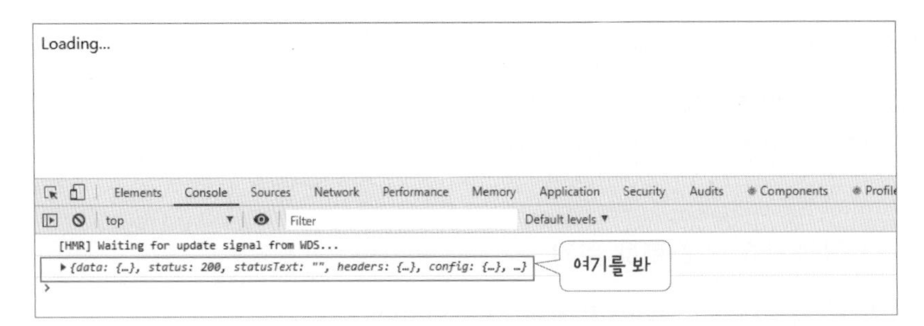

[Console] 탭을 보면 {data: {...}, status: 200, ...}와 같이 짧게 표현된 객체가 있을 거야. 이게 API로 받아온 영화 데이터야. 한번 확인해 볼까?

액션 02 영화 데이터 자세히 살펴보기

왼쪽에 있는 ▶ 표시를 눌러서 펼쳐봐. 객체를 자세히 표시해 줄 거야.

길이가 긴 객체를 콘솔에 출력하면 생략되어 있으므로 ▶ 표시를 눌러 펼쳐 살펴보기 바랍니다.

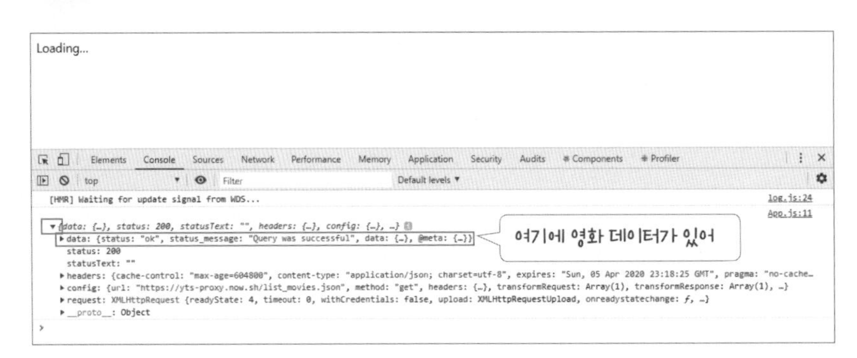

우리는 이 중에서 data 키에 집중할 거야. 거기에 우리에게 필요한 영화 데이터가 들어 있거든.

액션 03 data 키를 또 펼쳐봐. 그러면 그 안에 또 다시 data 키가 들어 있을 거야. 자세히 살펴보면 그 안에 movies 배열이 있어. movies 배열까지 펼쳐 보자.

movies 키 안에 우리에게 필요한 영화 데이터가 들어 있네! id(아이디), url(주소), imdb_code(이건 잘 모르겠네), title(제목), title_english(영어 제목)와 같은 키가 들어 있어. data → data → movies 순서대로 객체에 접근하면 원하는 데이터를 추출할 수 있겠네.

액션 04 객체에 있는 movies 키에 접근하기

그러면 정말로 원하는 데이터를 추출하기 위해 movies 변수에 있는 movies 키의 값을 추출해 보자. movies.data.data.movies와 같이 수정한 다음 [Console] 탭을 확인해 보자.

수정하자 ./src/App.js

```
import React from 'react';
import axios from 'axios';

class App extends React.Component {
  state = {
    isLoading: true,
    movies: [],
  };
```

```
  getMovies = async () => {
    const movies = await axios.get('https://yts-proxy.now.sh/list_movies.
json');
    console.log(movies.data.data.movies);
  };
  componentDidMount() {
    this.getMovies();
  }
  render() {
    const { isLoading } = this.state;
    return <div>{isLoading ? 'Loading...' : 'We are ready'}</div>;
  }
}

export default App;
```

점 연산자로 객체에 접근하면 돼

movies 변수에는 이제 배열이 들어 있어. 배열에는 객체가 20개 들어 있고. 이제 우리가 원하는 진짜 영화 데이터만 추출하게 된 거야. 기억할지 모르겠지만 이 데이터의 구조는 음식 앱을 만들 때 사용했던 데이터 구조와 같아. 그러니 화면에 출력하는 것도 어렵지 않을 거야.

액션 05 객체에 있는 movies 키에 조금 더 똑똑하게 접근하기

다만! movies.data.data.movies와 같은 방법으로 객체에 접근하는 건 아름답지 않아. ES6를 사용한다면 구조 분해 할당을 사용하는 게 좋아. 다음과 같이 구조 분해 할당을 사용하도록 코드를 수정하여 movies 키에 접근해 보자.

수정하자 ./src/App.js

```
import React from 'react';
import axios from 'axios';

class App extends React.Component {
  state = {
    isLoading: true,
    movies: [],
  };
  getMovies = async () => {
    const {
      data: {                  // 여기서 data →
        data: { movies },      // 여기서 data → movies가 진행 돼
      },
    } = await axios.get('https://yts-proxy.now.sh/list_movies.json');
    console.log(movies.data.data.movies);   // 여기는 지우면 되겠지?
  };
  componentDidMount() {
    this.getMovies();
  }
  render() {
    const { isLoading } = this.state;
    return <div>{isLoading ? 'Loading...' : 'We are ready'}</div>;
  }
}

export default App;
```

점 연산자 적용 순서대로 구조 분해 할당을 적용하면 됩니다.

구조 분해 할당은 props를 공부하면서 사용했던 문법이니 더 자세히 설명하지는 않을게. 영화 앱을 다시 실행해보면 movies.data.data.movies와 동일하게 동작할 거야. 그러면 영화 데이터를 state에 저장해야겠지?

액션 06 movies state에 영화 데이터 저장하기

this.setState({ movies: movies })와 같이 작성하면 movies state에 영화 데이터를 저장할 수 있어. console.log( )는 이제 사용하지 않을 거니까 지우자.

구조 분해 할당을 자세히 알고 싶다면 ko.javascript.info/destructuring assignment를 읽어보세요.

수정하자 ./src/App.js

```
import React from 'react';
import axios from 'axios';

class App extends React.Component {
  state = {
    isLoading: true,
    movies: [],
  };
  getMovies = async () => {
    const {
      data: {
        data: { movies },
      },
    } = await axios.get('https://yts-proxy.now.sh/list_movies.json');
    console.log(movies);
    this.setState({ movies: movies });
  };
  componentDidMount() {
    this.getMovies();
  }
  render() {
    const { isLoading } = this.state;
    return <div>{isLoading ? 'Loading...' : 'We are ready'}</div>;
  }
}

export default App;
```

이건 구조 분해 할당으로 얻은 영화 데이터가 있는 변수야

이건 state고

state에 영화 데이터가 저장되면? movies state가 변경되었으니, rende( ) 함수가 다시 실행되겠지요? 이 효과를 위해 state에 영화 데이터를 저장하는 것이랍니다. 이해가 잘 안 된다면 리액트의 생명주기 함수를 다시 공부해 보세요!

참고로 movies state와 axios.get( )의 결과를 저장할 변수 movies의 이름이 같다고 해서 둘을 혼동하면 안 돼. 하나는 state고 하나는 axios.get( )의 결과를 담을 변수야.

액션 07 ES6에서는 객체의 키와 대입할 변수의 이름이 같다면 코드를 축약할 수 있어. { movies: movies }는 키와 대입할 변수의 이름이 같으니까 { movies }로 축약할 수 있는 거지. this.setState({ movies: movies })를 this.setState({ movies })로 수정하자.

수정하자 ./src/App.js

```
import React from 'react';
import axios from 'axios';

class App extends React.Component {
  state = {
    isLoading: true,
    movies: [],
  };
  getMovies = async () => {
    const {
      data: {
        data: { movies },
      },
    } = await axios.get('https://yts-proxy.now.sh/list_movies.json');
    this.setState({ movies: movies });
  };
  componentDidMount() {
    this.getMovies();
  }
  render() {
    const { isLoading } = this.state;
    return <div>{isLoading ? 'Loading...' : 'We are ready'}</div>;
  }
}

export default App;
```

축약 형태로 코드를 바꾸자 (movies: 삭제)

```
Loading...
```

영화 앱을 실행하면 여전히 Loading...이 나오고 있을 거야. We are ready가 출력되려면 어떻게 해야 할까? isLoading state의 값을 true에서 false로 업데이트하면 돼.

액션 08 isLoading state true에서 false로 업데이트하기

isLoading state도 false에서 true로 업데이트하자.

수정하자 ./src/App.js

```
import React from 'react';
import axios from 'axios';

class App extends React.Component {
  state = {
    isLoading: true,
    movies: [],
  };
  getMovies = async () => {
    const {
      data: {
        data: { movies },
      },
    } = await axios.get('https://yts-proxy.now.sh/list_movies.json');
    this.setState({ movies, isLoading: false });
  };
  componentDidMount() {
    this.getMovies();
  }
  render() {
    const { isLoading } = this.state;
```

movies, isLoading state를 변경했어

```
    return <div>{isLoading ? 'Loading...' : 'We are ready'}</div>;
  }
}

export default App;
```

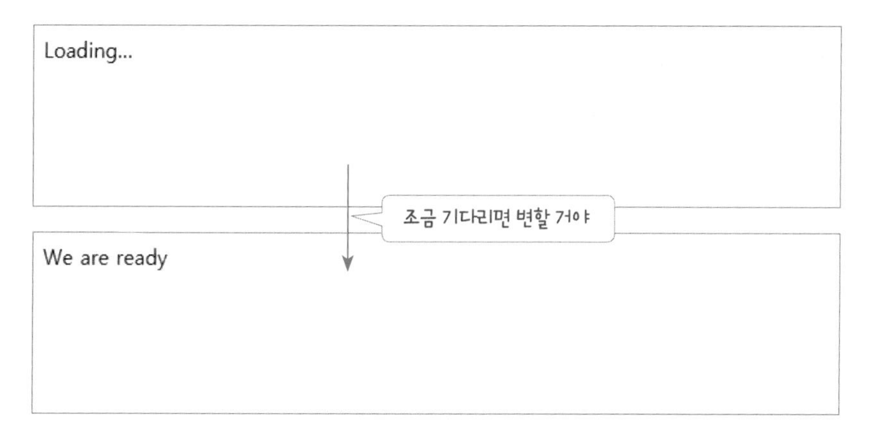

가끔 API가 오작동하여 axios.get( )이 제대로 실행되지 않을 수도 있습니다. 그런 경우에는 1~2분 정도 기다렸다가 다시 리액트 앱을 실행해 보세요.

영화 앱을 실행해 보면 처음에는 isLoading...이 화면에 나타나다가, 조금 뒤에 We are ready로 바뀌는 것을 볼 수 있어. 영화 데이터를 가져오는 데 성공했고, 로딩 상태 변경까지 성공했어. 다만! 아직도 영화 데이터를 출력하고 있지는 않아. 단순히 문자열 We are ready를 출력하고 있지. 이건 우리가 바라던 결과가 아니야. movies state를 화면에 그려야 해. 그러기 위해서 Movie 컴포넌트가 필요해.

06-3 Movie 컴포넌트 만들기

액션 01 Movie 컴포넌트 만들기

src 폴더에 Movie.js 파일을 새로 만들고 다음과 같이 Movie 컴포넌트의 기본 골격을 작성해 보자. 아직은 출력할 내용이 없으므로 <h1></h1>을 반환하도록 만들었어.

새로 만들자 ./src/Movie.js

```
import React from 'react';
import PropTypes from 'prop-types';

function Movie() {
  return <h1></h1>;
}

Movie.propTypes = {};

export default Movie;
```

Movie 컴포넌트는 state가 필요하지 않으므로 클래스형 컴포넌트가 아니라 함수형 컴포넌트로 작성할 거야. 또, Movie에 넘어와야 하는 영화 데이터를 정의하고 관리하기 위해 prop-types를 사용했어.
가장 중요한 건 영화 데이터지? 그러니까 Movie.propTypes의 내용을 우선 채울 거야. Movie.propTypes의 내용을 채우기 위해 노마드 코더 영화 API로 받은 데이터를 다시 한번 살펴보자.

액션 02 영화 데이터 다시 살펴보기

[Console] 탭에 출력된 내용은 확인하기 불편하니까 yts-proxy.now.sh/list_movies.json에 접속해서 우리가 사용할 영화 데이터를 다시 확인해 보자.

```
1   // 20200330114710
2   // https://yts.mx/api/v2/list_movies.json
3
4   {
5     "status": "ok",
6     "status_message": "Query was successful",
7     "data": {
8       "movie_count": 15933,
9       "limit": 20,
10      "page_number": 1,
11      "movies": [
12        {
13          "id": 16322,
14          "url": "https://yts.mx/movie/april-9th-2015",
15          "imdb_code": "tt3542188",
16          "title": "April 9th",
17          "title_english": "April 9th
18          "title_long": "April 9th (2015)",
19          "slug": "april-9th-2015",
20          "year": 2015,
21          "rating": 6.6,
22          "runtime": 93,
23          "genres": [
24            "Drama",
25            "History",
26            "War"
27          ],
```

id랑

title이랑

rating 등등 필요한 데이터를 고르자

노마드 코더 영화 API가 보내 준 영화 데이터 중 필요한 것만 골라서 영화 앱에 반영할 거야. id, title, rating과 같은 것 말이지.

액션 03 Movie.propTypes 작성하기

우선 id를 Movie.propTypes에 추가해 보자.

수정하자 ./src/Movie.js

```
import React from 'react';
import PropTypes from 'prop-types';

function Movie() {
  return <h1></h1>;
}

Movie.propTypes = { id: PropTypes.number.isRequired };

export default Movie;
```

id는 자료형이 Number이고, 반드시 있어야 하니까 PropTypes.number.isRequired로 작성했어. 이제 나머지 Movie.propTypes도 추가해 볼까?

액션 04 year, title, summary, poster를 각각 Movie.propTypes에 추가해줘. 자료형에 주의해서 추가하자.

수정하자 ./src/Movie.js

```
import React from 'react';
import PropTypes from 'prop-types';

function Movie() {
  return <h1></h1>;
}

Movie.propTypes = {
  id: PropTypes.number.isRequired,
  year: PropTypes.number.isRequired,
  title: PropTypes.string.isRequired,
  summary: PropTypes.string.isRequired,
  poster: PropTypes.string.isRequired,
};
export default Movie;
```

API에서 넘어오는 id는 숫자야

year도 숫자고

title, summary는 문자열이야

poster에는 이미지 주소(문자열)가 저장될 거야

여기서 하나 주목해야 할 props가 있어. poster props는 영화 포스터 이미지 주소를 저장하기 위한 거야. 음식 앱 기억하지? 음식 앱의 이미지를 화면에 그릴 때 이미지 주소를 사용했잖아. 같은 원리로 영화 포스터 이미지도 추가할 거야.

액션 05 yts-proxy.now.sh/list_movies.json에 접속한 다음 스크롤을 조금만 내리면 medium_cover_image 키를 찾을 수 있어. 키와 키값을 자세히 살펴보자.


```
31          "yt_trailer_code": "",
32          "language": "English",
33          "mpa_rating": "",
34          "background_image": "https://yts.mx/assets/images/movies/april_9th_2015/background.jpg",
35          "background_image_original":
   "https://yts.mx/assets/images/movies/april_9th_2015/background.jpg",
36          "small_cover_image": "https://yts.mx/assets/images/movies/april_9th_2015/small-cover.jpg",
37          "medium_cover_image": "https://yts.mx/assets/images/movies/april_9th_2015/medium-cover.jpg",
38          "large_cover_image": "https://yts.mx/assets/images/movies/april_9th_2015/large-cover.jpg",
39          "state": "ok",
40 ▾        "torrents": [
41 ▾          {
42              "url": "https://yts.mx/torrent/download/062C503A71A959040A2A08D70ACA1082834775BE",
43              "hash": "062C503A71A959040A2A08D70ACA1082834775BE",
44              "quality": "720p",
45              "type": "bluray",
```

medium_cover_image 키값에 영화 포스터 이미지가 저장되어 있는 주소가 있어(궁금하면 주소에 접속해 봐). 이 값을 사용하면 영화 포스터 이미지도 쉽게 출력할 수 있을 거야. 다만 props의 이름을 이해하기 쉽도록 API에서 정해준 medium_cover_image가 아니라 poster라고 지정했어.
이제 Movie에 필요한 prop-types를 다 추가했어. 그런데 우리가 만들 영화 앱이 그냥 영화 포스터와 정보를 출력해 준다면 매력이 떨어질 거야. 평점(rating) 순서로 정렬해서 보여주는 영화 앱이면 매력이 올라가겠지? 그렇게 하려면 어떻게 해야 할까?

액션 06 노마드 코더 영화 API 정렬 기능 사용해 보기

바로 노마드 코더 영화 API에 구현되어 있는 정렬 기능을 사용하면 돼. API 문서를 한번 살펴볼까? yts.lt/api#list_movies에 접속한 다음 Endpoint Parameters를 주목해 봐. sort_by라는 Parameter가 보일 거야.

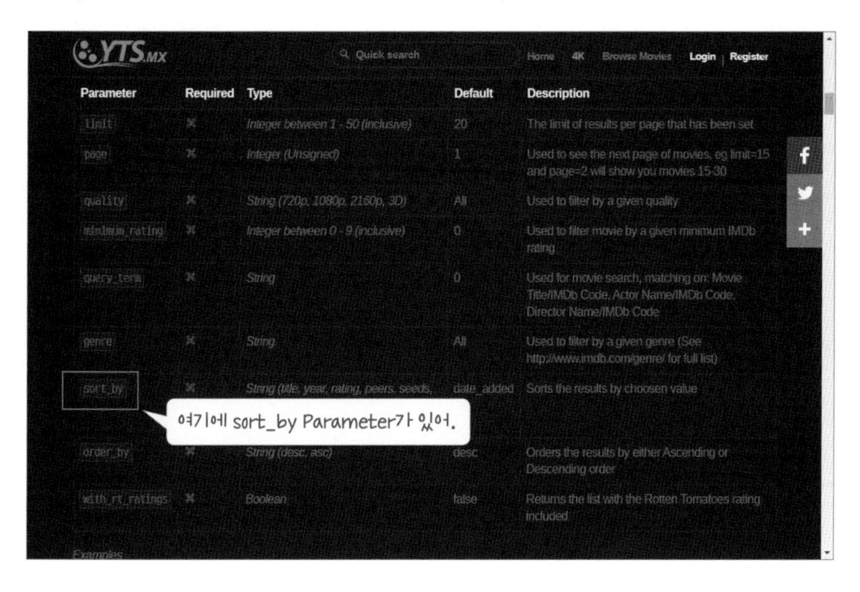

Parameter	Required	Type	Default	Description
limit	✖	Integer between 1 - 50 (inclusive)	20	The limit of results per page that has been set
page	✖	Integer (Unsigned)	1	Used to see the next page of movies, eg limit=15 and page=2 will show you movies 15-30
quality	✖	String (720p, 1080p, 2160p, 3D)	All	Used to filter by a given quality
minimum_rating	✖	Integer between 0 - 9 (inclusive)	0	Used to filter movie by a given minimum IMDb rating
query_term	✖	String	0	Used for movie search, matching on: Movie Title/IMDb Code, Actor Name/IMDb Code, Director Name/IMDb Code
genre	✖	String	All	Used to filter by a given genre (See http://www.imdb.com/genre/ for full list)
sort_by	✖	String (title, year, rating, peers, seeds,	date_added	Sorts the results by choosen value
order_by	✖	String (desc, asc)	desc	Orders the results by either Ascending or Descending order
with_rt_ratings	✖	Boolean	false	Returns the list with the Rotten Tomatoes rating included

Parameter의 이름에서 볼 수 있듯 sort_by를 사용하면 영화 데이터를 정렬할 수 있어. 그러면 Parameter를 사용하려면 어떻게 해야 할까? 문서에서 제공하는 Examples을 보면 되겠지?

액션 07 Examples를 보자. Example에는 quality가 3D인 영화만 불러오는 URL이 적혀 있어. ? 오른쪽에 무엇이 적혀 있나 봐봐. Parameter(quility)와 Parameter에 넘겨줄 값(3D)을 =으로 이어서 작성하면 되는 거야. 이런 식으로 sort_by를 사용하면 돼.

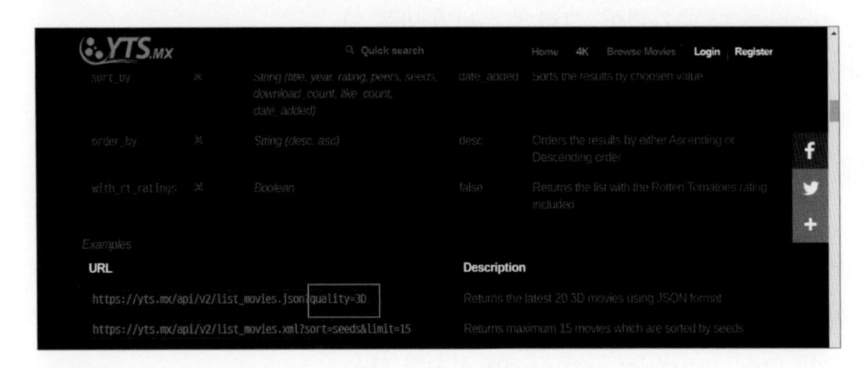

액션 08 yts-proxy.now.sh/list_movies.json?sort_by=rating에 접속해 봐. 그러면 평점 내림차순으로 영화 데이터를 보여줄 거야.

API를 잘 활용하면 정렬 기능은 굳이 직접 만들지 않아도 되겠지요?

그 증거로 첫 번째 영화는 rating 키의 키값이 9.4야(10이 없네). 스크롤바를 쭉 내리면서 살펴보면 정말 평점 내림차순으로 정렬된 것을 알 수 있을 거야.

액션 09 axios.get( ) 수정하기

이제 새로운 URL로 영화 데이터를 불러와야 하니까 axios.get( )에 yts-proxy.now.sh/list_movies.json?sort_by=rating을 전달하자.

수정하자 ./src/App.js

```
import React from 'react';
import axios from 'axios';

class App extends React.Component {
  state = {
    isLoading: true,
    movies: [],
  };
  getMovies = async () => {
    const {
      data: {
        data: { movies },
      },
    } = await axios.get('https://yts-proxy.now.sh/list_movies.
json?sort_by=rating');
    this.setState({ movies, isLoading: false });
  };
  componentDidMount() {
    this.getMovies();
  }
  render() {
    const { isLoading } = this.state;
    return <div>{isLoading ? 'Loading...' : 'We are ready'}</div>;
  }
}

export default App;
```

이제 평점 내림차순으로 영화 데이터를 가져올 수 있게 되었으므로 App 컴포넌트에서 Movie 컴포넌트로 id, title, year, summary, poster props를 넘겨주면 되겠지? Movie 컴포넌트가 이 props를 받아 출력할 수 있도록 Movie 컴포넌트를 마저 완성해 보자.

액션 10 Movie 컴포넌트에 props 추가하고 출력해 보기

Movie 컴포넌트에서 id, title, year, summary, poster props를 받아 출력할 수 있도록 수정하자. 그리고 App 컴포넌트에서 Movie 컴포넌트를 그릴 때 title만 우선 출력하도록 만들어 보자.

수정하자 ./src/Movie.js

```
import React from 'react';
import PropTypes from 'prop-types';

function Movie({ id, title, year, summary, poster }) {
  return <h4>{title}</h4>;
}

Movie.propTypes = {
  id: PropTypes.number.isRequired,
  year: PropTypes.number.isRequired,
  title: PropTypes.string.isRequired,
  summary: PropTypes.string.isRequired,
  poster: PropTypes.string.isRequired,
};

export default Movie;
```

자! 이제 Movie 컴포넌트를 작성했어. App 컴포넌트에서 Movie 컴포넌트를 그리면 title이 출력되도록 만들 거야. 음식 앱을 만들 때 컴포넌트를 map( ) 함수로 출력했던 내용 기억하지? 같은 패턴으로 코딩하면 영화 제목이 주르륵 출력될 거야.

액션 11 App 컴포넌트에서 Movie 컴포넌트 그리기

구조 분해 할당으로 this.state에 있는 movies를 얻은 다음, App 컴포넌트에서 We are ready를 출력하고 있는 자리(로딩이 다 되면 실행되는 자리)에 movies.map( )을 사용하자.

수정하자 ./src/App.js

```
import React from 'react';
import axios from 'axios';

class App extends React.Component {
  state = {
    isLoading: true,
    movies: [],
  };
  getMovies = async () => {
    const {
      data: {
        data: { movies },
      },
        } = await axios.get('https://yts-proxy.now.sh/list_movies.
json?sort_by=rating');
    this.setState({ movies, isLoading: false });
  };
  componentDidMount() {
    this.getMovies();
  }
  render() {
    const { isLoading, movies } = this.state;
    return <div>{isLoading ? 'Loading...' : movies.map()}</div>;
  }
}

export default App;
```

이 단계에서는 리액트 영화 앱이 제대로 실행되지 않을 거예요.

음식 앱을 통해 map( ) 함수를 공부했으니까, movies.map( )을 어떻게 사용해야 하는지 이미 알고 있을 거야. map( ) 함수의 첫 번째 인자로 컴포넌트를 반환하는 함수를 전달하면 됐던 거 기억나지?

액션 12 map( ) 함수에 컴포넌트를 반환하는 함수 전달하기

코드를 조금씩 전개하여 완성하기 위해 우선 [Console] 탭에 영화 데이터를 출력한 다음, 아무것도 반환하지 않는 함수를 전달해 보자.

수정하자 ./src/App.js

```
import React from 'react';
import axios from 'axios';

class App extends React.Component {
  state = {
    isLoading: true,
    movies: [],
  };
  getMovies = async () => {
    const {
      data: {
        data: { movies },
      },
    } = await axios.get('https://yts-proxy.now.sh/list_movies.
json?sort_by=rating');
    this.setState({ movies, isLoading: false });
  };
  componentDidMount() {
    this.getMovies();
  }
  render() {
    const { isLoading, movies } = this.state;
    return (
      <div>
        {isLoading
          ? 'Loading...'
          : movies.map((movie) => {
            console.log(movie);
            return;
          })}
```

movies는 배열이고, 배열의 원소 1개가 movie로 넘어와

여기에서 Movie 컴포넌트를 반환하면 돼

아직 Movie 컴포넌트를 반환하지 않았으므로 리액트 앱이 실행되지 않겠지요?

```
      </div>
    );
  }
}

export default App;
```

액션 13 Movie 컴포넌트 반환하도록 movies.map( ) 수정하기

이제 Movie 컴포넌트를 반환하도록 수정하자. Movie 컴포넌트를 임포트한 다음, movies.map( )에 전달한 함수가 〈Movie /〉를 반환하도록 만들면 돼.

수정하자 ./src/App.js

```
import React from 'react';
import axios from 'axios';
import Movie from './Movie';   // Movie 컴포넌트를 임포트하고

class App extends React.Component {
  state = {
    isLoading: true,
    movies: [],
  };
  getMovies = async () => {
    const {
      data: {
        data: { movies },
      },
    } = await axios.get('https://yts-proxy.now.sh/list_movies.
json?sort_by=rating');
    this.setState({ movies, isLoading: false });
  };
  componentDidMount() {
    this.getMovies();
  }
```

```
  render() {
    const { isLoading, movies } = this.state;
    return (
      <div>
        {isLoading
          ? 'Loading...'
          : movies.map((movie) => {
              console.log(movie);
              return <Movie />; // 여기서 Movie 컴포넌트를 출력할 거야
            })}
      </div>
    );
  }
}

export default App;
```

Movie 컴포넌트를 반환하기는 했지만 Movie 컴포넌트에 정의한 props를 전달하고 있지는 않으므로 실행되지 않을 것입니다.

액션 14 Movie 컴포넌트에 props 전달하기

이제 Movie 컴포넌트에 props를 전달하자. 아까 Movie 컴포넌트에서 id, year, title, summary, poster를 isRequired로 설정했지. 그러니 설정한 props를 모두 전달해야 해. 대부분 props의 이름은 노마드 코더 영화 API에서 받아온 키 이름과 똑같이 만들었어. 단! poster props의 경우 키 이름이 medium_cover_image이므로 movies.poster가 아니라 movies.medium_cover_image라고 작성해야 해.

수정하자 ./src/App.js

```
import React from 'react';
import axios from 'axios';
import Movie from './Movie';

class App extends React.Component {
  state = {
    isLoading: true,
    movies: [],
```

```
  };
  getMovies = async () => {
    const {
      data: {
        data: { movies },
      },
    } = await axios.get('https://yts-proxy.now.sh/list_movies.
json?sort_by=rating');
    this.setState({ movies, isLoading: false });
  };
  componentDidMount() {
    this.getMovies();
  }
  render() {
    const { isLoading, movies } = this.state;
    return (
      <div>
        {isLoading
          ? 'Loading...'
          : movies.map((movie) => {
              console.log(movie);
              return (
                <Movie
                  id={movie.id}
                  year={movie.year}
                  title={movie.title}
                  summary={movie.summary}
                  poster={movie.medium_cover_image}
                />
              );
            })}
      </div>
    );
  }
}

export default App;
```

여기에 id, year, title, summary, poster props를 추가했어

Doctor Who The Day of the Doctor

The Shawshank Redemption

The Godfather

Top Gear Africa Special, Part 1

Natsamrat

영화 앱을 실행해 보면 영화 제목이 주르륵~ 출력되는 것을 확인할 수 있어. App 컴포넌트에 작성한 movies.map( )에 console.log( )로 movie를 출력했지? 그것도 확인해 보자.

액션 15 [Console] 탭에서 영화 데이터 확인해 보기

[Console] 탭을 보면 console.log( )가 출력해 주는 내용을 확인할 수 있어. 어때? 영화 정보가 잘 들어오고 있지? 그것도 평점순으로!

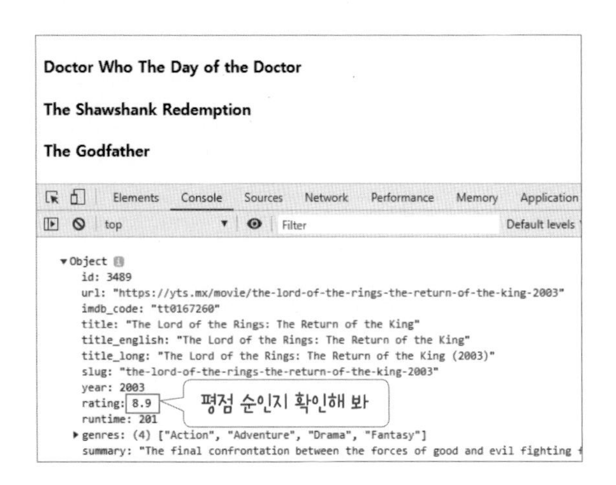

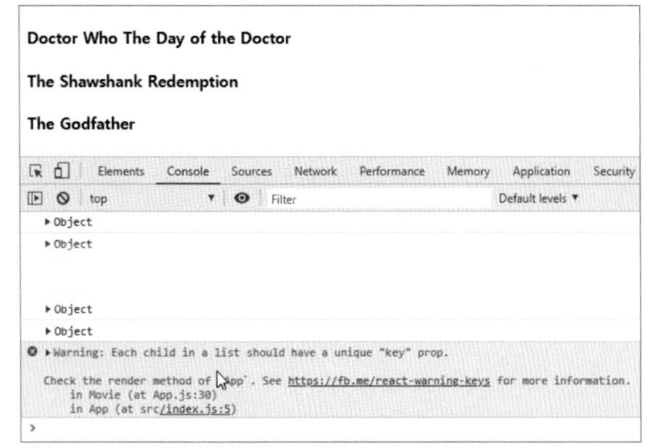

그나저나 [Console] 탭에 key props 경고 메시지가 나오고 있어. 이 문제는 앞에서 음식 앱을 만들 때 이미 설명했지? 이것도 말끔하게 해결해 보자.

액션 16 key props 추가하기

다음과 같이 코드를 수정하여 key props 문제를 해결하자. key props는 유일해야 하므로 노마드 코더 영화 API에서 넘겨주는 id를 그대로 사용했어. console.log( )는 사용하지 않을거니까 지우자.

수정하자 ./src/App.js

```
import React from 'react';
import axios from 'axios';
import Movie from './Movie';

class App extends React.Component {
  state = {
    isLoading: true,
    movies: [],
  };
  getMovies = async () => {
    const {
      data: {
        data: { movies },
      },
    } = await axios.get('https://yts-proxy.now.sh/list_movies.
json?sort_by=rating');
    this.setState({ movies, isLoading: false });
  };
  componentDidMount() {
    this.getMovies();
  }
  render() {
    const { isLoading, movies } = this.state;
    return (
      <div>
        {isLoading
          ? "Loading..."
```

```
            : movies.map((movie) => {
                console.log(movie);
                return (
                  <Movie
                    key={movie.id}   // 여기에 key props를 추가하면 돼
                    id={movie.id}
                    year={movie.year}
                    title={movie.title}
                    summary={movie.summary}
                    poster={movie.poster}
                  />
                );
              })}
        </div>
      );
    }

export default App;
```

컴포넌트를 여러 개 출력할 때는 유일한 값을 이용하여 key props를 추가해야 한다는 것 잊지 마세요.

다시 영화 앱을 실행하면 key props와 관련된 경고 메시지가 사라졌음을 확인할 수 있어.

지금까지 만든 내용을 정리해 볼까? 우리는 노마드 코더 영화 API를 통해 영화 데이터를 가져왔어. 영화 데이터를 가져올 때는 axios.get( ) 함수를 사용했고, axios.get( )은 시간이 필요한 함수이므로 async, await를 사용했어. 그리고 state에 영화 데이터가 저장되면(업데이트되면) isLoading...을 보여주던 화면을 Movie 컴포넌트를 보여주도록 만들었어. 정말 멋있지? 06-4부터는 영화 앱을 예쁘게 꾸며 보고, 나머지 props도 출력하도록 만들 거야. 그럼 계속해서 클론 코딩을 진행해 보자!

06-4 영화 앱 스타일링하기 — 기초

지금까지 열심히 영화 앱을 만들었으니 이제는 예쁘게 꾸밀 차례야. 스타일링의 핵심은 CSS지만 CSS를 적용할 HTML도 필요하지? 그러니까 우선 HTML을 작성해 보자. App 컴포넌트, Movie 컴포넌트에 HTML을 추가할 거야.

액션 01 App 컴포넌트에 HTML 추가하기

App 컴포넌트가 반환할 JSX의 바깥쪽을 <section class="container"></section>로, Loading...은 <div class="loader"><span class="loader__text"></span></div>으로, movies.map( )은 <div class="movies"></div> 로 감싸자. 열고 닫는 태그 표현을 할 때 주의해서 작성하도록 해!

수정하자 ./src/App.js

```
import React from 'react';
import axios from 'axios';
import Movie from './Movie';

class App extends React.Component {
  state = {
    isLoading: true,
    movies: [],
  };
  getMovies = async () => {
    const {
      data: {
        data: { movies },
      },
        } = await axios.get('https://yts-proxy.now.sh/list_movies.
json?sort_by=rating');
    this.setState({ movies, isLoading: false });
  };
```

```
  componentDidMount() {
    this.getMovies();
  }
  render() {
    const { isLoading, movies } = this.state;
    return (
      <div><section class="container">   JSX의 가장 바깥쪽은 section 엘리먼트로 감쌌어
        {isLoading ? (
          <div class="loader">   여기는 Loading...을 위한 거야
            <span class="loader__text">Loading...</span>
          </div>
        ) : (
          <div class="movies">   Movie 컴포넌트들은 이 엘리먼트로 감쌀 거야
            {movies.map(movie => (
              <Movie
                key={movie.id}
                id={movie.id}
                year={movie.year}
                title={movie.title}
                summary={movie.summary}
                poster={movie.medium_cover_image}
              />
            ))}
          </div>
        )}
      </div></section>
    );
  }
}

export default App;
```

소괄호나 중괄호의 여닫는 부분에 주의하여 코드를 작성하세요.

액션 02 Movie 컴포넌트에 HTML 추가하기

Movie 컴포넌트에도 HTML을 추가해 보자. Movie 컴포넌트가 반환할 JSX를 〈div class="movie"〉〈/div〉로 감싸고, 그 안에서 title, year, summary를 목적에 맞는 엘리먼트로 감싸자.

수정하자 ./src/Movie.js

```
import React from 'react';
import PropTypes from 'prop-types';

function Movie({ id, title, year, summary, poster }) {
  return (
    <div class="movie__data">
      <h3 class="movie__title">{title}</h3>
      <h5 class="movie__year">{year}</h5>
      <p class="movie__summary">{summary}</p>
    </div>
  );
}

Movie.propTypes = {
  id: PropTypes.number.isRequired,
  year: PropTypes.number.isRequired,
  title: PropTypes.string.isRequired,
  summary: PropTypes.string.isRequired,
  poster: PropTypes.string.isRequired,
};

export default Movie;
```

영화 앱을 실행해 보면 title, year, summary 정보가 다른 스타일로 출력되고 있어. 영화 앱의 형태가 조금씩 만들어지는 느낌이 들지? 계속해서 나아가 보자.

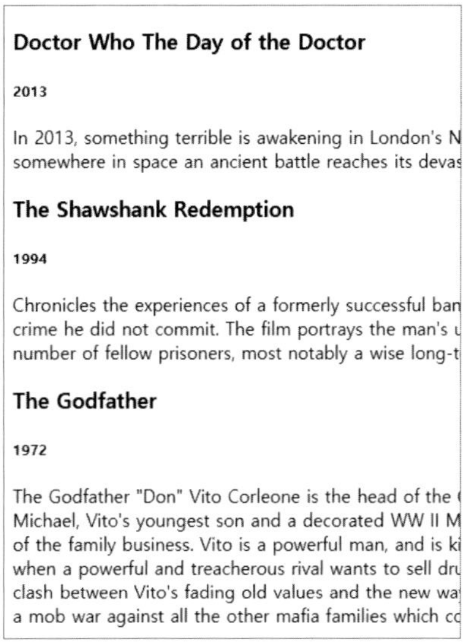

Doctor Who The Day of the Doctor

2013

In 2013, something terrible is awakening in London's N
somewhere in space an ancient battle reaches its devas

The Shawshank Redemption

1994

Chronicles the experiences of a formerly successful ban
crime he did not commit. The film portrays the man's u
number of fellow prisoners, most notably a wise long-t

The Godfather

1972

The Godfather "Don" Vito Corleone is the head of the (
Michael, Vito's youngest son and a decorated WW II M
of the family business. Vito is a powerful man, and is ki
when a powerful and treacherous rival wants to sell dru
clash between Vito's fading old values and the new way
a mob war against all the other mafia families which cc

class 속성 관련 경고 메시지를 보았나요?

여기까지 영화 앱을 만들고 혹시 [Console] 탭을 열었다면 class 속성 관련 경고 메시지를 보았을 거예요.

```
Warning: Invalid DOM property `class`. Did you mean `className`?
```

이 메시지는 JSX에서 반환할 엘리먼트에 'class'라는 이름으로 class 속성을 사용했기 때문에 나타난 건데요. HTML에서는 class 속성을 사용하려면 'class'를 그대로 쓰지만, 리액트에서 class 속성을 사용하기 위해서는 'class'가 아니라 'className'을 써야 합니다. 물론 이 경고 메시지도 스타일링을 마친 뒤 고칠 예정이니 너무 걱정 마세요!

액션 03 영화 포스터 이미지 추가하기

아직 영화 앱에 포스터 이미지가 추가되지 않았지? 이제 poster props를 추가해 보자. 전체 엘리먼트를 감싸는 div 엘리먼트(class가 movie인)를 추가하고 img 엘리먼트를 <div class="movie__data"> 위에 추가해서 img 엘리먼트의 src 속성에는 poster props를, alt, title 속성에는 title props를 전달했어.

수정하자 ./src/Movie.js

```
import React from 'react';
import PropTypes from 'prop-types';

function Movie({ id, title, year, summary, poster }) {
  return (
    <div class="movie">
      <img src={poster} alt={title} title={title} />
      <div class="movie__data">
        <h3 class="movie__title">{title}</h3>
        <h5 class="movie__year">{year}</h5>
        <p class="movie__summary">{summary}</p>
      </div>
    </div>
```

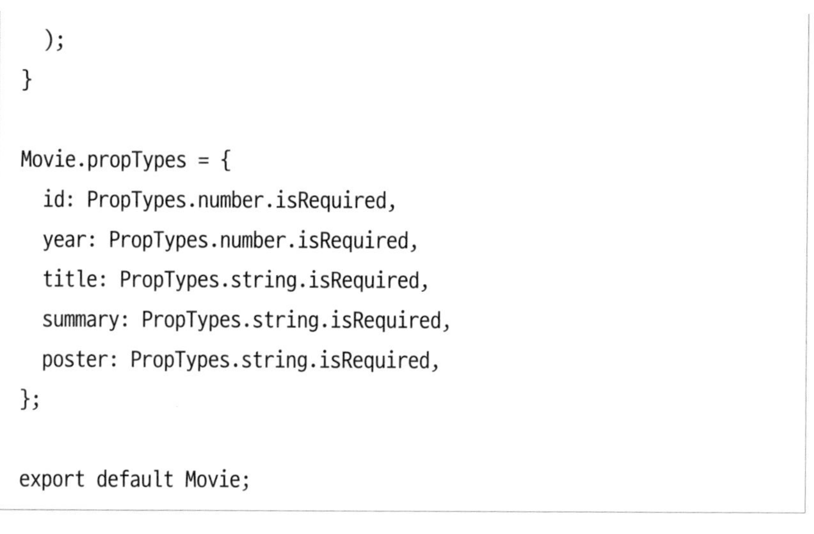

```
  );
}

Movie.propTypes = {
  id: PropTypes.number.isRequired,
  year: PropTypes.number.isRequired,
  title: PropTypes.string.isRequired,
  summary: PropTypes.string.isRequired,
  poster: PropTypes.string.isRequired,
};

export default Movie;
```

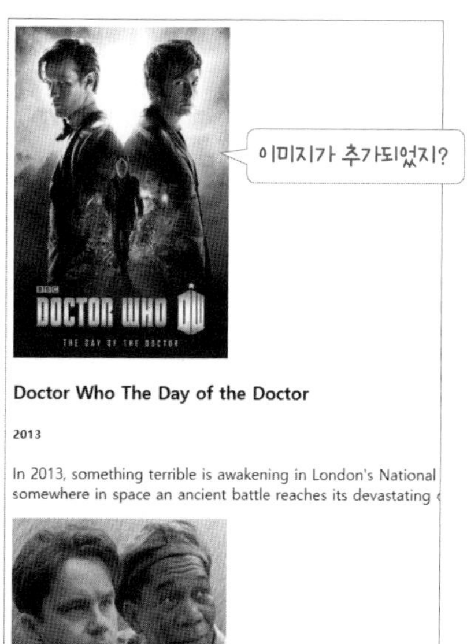

이제 영화 포스터 이미지까지 나오네. 아까 img 엘리먼트에 alt, title 속성을 추가했었지? 그 값은 마우스 커서를 이미지 위에 올리면 확인할 수 있어. 이제 Movie 컴포넌트에 필요한 HTML을 모두 작성했어.

액션 04 Movie 컴포넌트 정리하기

그런데 코드를 완성하니 Movie 컴포넌트에는 id props가 필요하지 않네. 개발하다 보면 이런 일이 자주 있을 거야. id props를 제거해주자.

수정하자 ./src/Movie.js

```
import React from 'react';
import PropTypes from 'prop-types';
                        여기를 지우면 돼
function Movie({ id, title, year, summary, poster }) {
  return (
    <div class="movie">
      <img src={poster} alt={title} title={title} />
      <div class="movie__data">
        <h3 class="movie__title">{title}</h3>
        <h5 class="movie__year">{year}</h5>
        <p class="movie__summary">{summary}</p>
      </div>
    </div>
  );
}

Movie.propTypes = {
  id: PropTypes.number.isRequired,   당연히 여기도 지워야겠지?
  year: PropTypes.number.isRequired,
  title: PropTypes.string.isRequired,
  summary: PropTypes.string.isRequired,
  poster: PropTypes.string.isRequired,
};

export default Movie;
```

아마 사용하지 않는 props는 흐리게 표시되어 있을 거예요.

Movie 컴포넌트를 정리했다면 이제 Movie 컴포넌트를 예쁘게 만들어 볼 차례야. 리액트에서는 CSS를 적용할 수 있는 방법이 많이 있는데 여기서는 가장 기초적인 방법으로 CSS를 적용할 거야.

액션 05 style 속성으로 title 스타일링하기

title props를 포함하고 있는 h3 엘리먼트에 style 속성을 추가하고 {{backgroundColor: "red"}}와 같이 속성값을 입력하자.

수정하자 ./src/Movie.js

```
import React from 'react';
import PropTypes from 'prop-types';

function Movie({ title, year, summary, poster }) {
  return (
    <div class="movie">
      <img src={poster} alt={title} title={title} />
      <div class="movie__data">
        <h3 class="movie__title" style={{ backgroundColor: 'red' }}>
          {title}
        </h3>
        <h5 class="movie__year">{year}</h5>
        <p class="movie__summary">{summary}</p>
      </div>
    </div>
  );
}

Movie.propTypes = {
  year: PropTypes.number.isRequired,
  title: PropTypes.string.isRequired,
  summary: PropTypes.string.isRequired,
  poster: PropTypes.string.isRequired,
};

export default Movie;
```

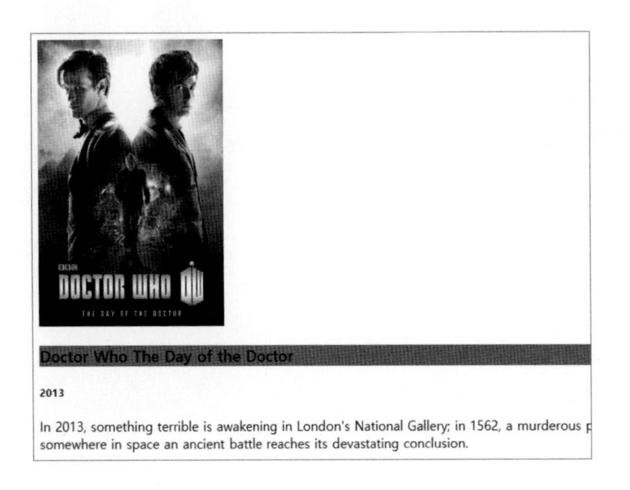

title에 빨간색 배경이 추가되었네. 이건 style 속성을 이용한 거야. 하지만 HTML과 CSS에 익숙하다면 CSS 파일을 만드는 방식에 익숙할 거야. CSS 파일을 생성하고 임포트하는 방법을 알아보자.

액션 06 CSS 파일 생성하기

src 폴더에 Movie.css, App.css 파일을 만들자.

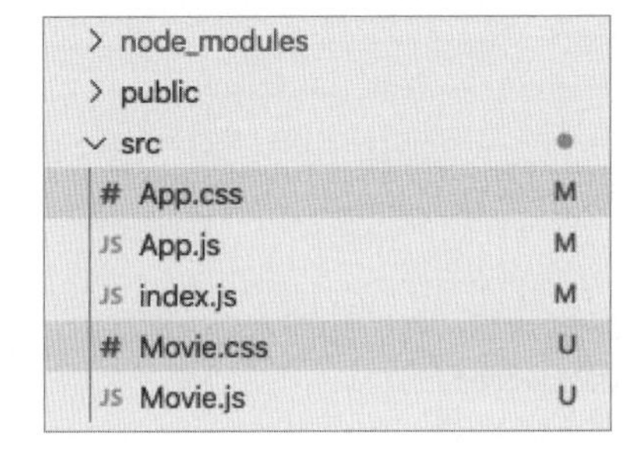

액션 07 App, Movie 컴포넌트에 CSS 파일 임포트하기

App, Movie 컴포넌트에 App.css, Movie.css를 각각 임포트하자. 그냥 맨 위에 1줄씩만 추가하면 돼. 아참, Movie 컴포넌트에 적용한 style 속성은 사용하지 않을 거니까 지우자.

수정하자 ./src/App.js

```
import React from 'react';
import axios from 'axios';
import Movie from './Movie';
import './App.css';

class App extends React.Component {
  (생략...)
}

export default App;
```

App 컴포넌트에는 App.css를 임포트했어

수정하자 ./src/Movie.js

```
import React from 'react';
import PropTypes from 'prop-types';
import './Movie.css';

function Movie({ title, year, summary, poster }) {
  return (
    <div class="movie">
      <img src={poster} alt={title} title={title} />
      <div class="movie__data">
        <h3 class="movie__title" style={{ backgroundColor: 'red' }}>
          {title}
        </h3>
        <h5 class="movie__year">{year}</h5>
        <p class="movie__summary">{summary}</p>
      </div>
    </div>
  );
}

Movie.propTypes = {
  (생략...)
};

export default Movie;
```

Movie 컴포넌트에는 Movie.css를 임포트했어

파일로 CSS를 적용할 거니까 여기는 지우자

App.css 파일 작성하기

App.css 파일을 수정해 볼까? 배경색을 어둡게 바꿔보자.

수정하자 ./src/App.css

```
body {
  background-color: #2f2f2f;
}
```

영화 앱을 실행해 보면 배경이 회색으로 변한 것을 확인할 수 있을 거야. 이제 리액트에서 CSS 파일을 사용하여 스타일링하는 방법을 이해했을 거라 생각해. 다만 이 책에서는 CSS의 원리나, CSS를 작성하는 방법은 자세히 설명하지 않을 거야. 왜냐하면 이 책은 리액트로 영화 앱을 만드는 게 목표니까(여러 번 강조했지?). 그 대신 클론 코딩을 할 수 있도록 작성된 CSS 코드를 함께 적용하는 시간만 가질 거야. 그러니 걱정하지 말고 따라와!

영화 앱 다듬기

앞에서 우리는 노마드 코더 영화 API를 통해 영화 데이터를 불러와서 영화 포스터 이미지, 제목, 개봉 연도, 간단한 시놉시스를 출력해 봤어. 그리고 CSS를 적용하는 방법도 알아봤지. 이제 본격적으로 영화 앱을 다듬고 필요한 정보를 조금 추가해서 그럴듯하게 만들어 볼 거야.

노마드 코더 니꼬샘의 강의 보러가기

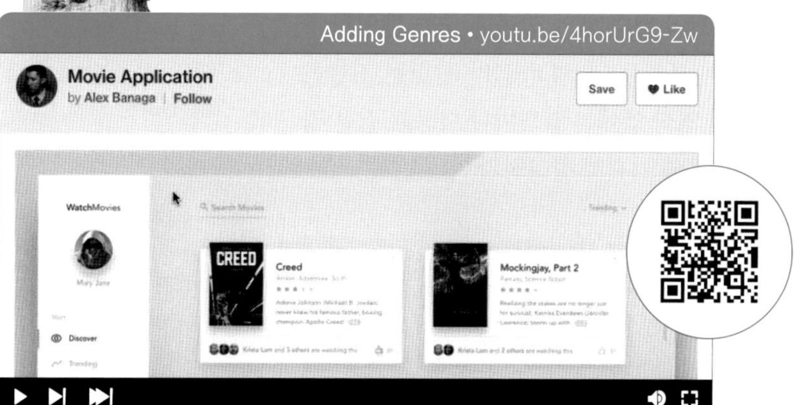

07-1 영화 앱 전체 모습 수정하기

우리가 만들 영화 앱은 다음 영화 앱과 비슷할 거야. 왼쪽 위에는 살짝 튀어나온 듯한 느낌의 영화 포스터 이미지가 있고, 오른쪽에는 제목, 장르, 평점(별로 표시), 시놉시스 등이 있지. 색은 회색, 흰색을 많이 사용했네.

예시로 보여준 영화 앱은 dribbble.com/shots/2442798-Movie-Application에 접속하면 볼 수 있습니다.

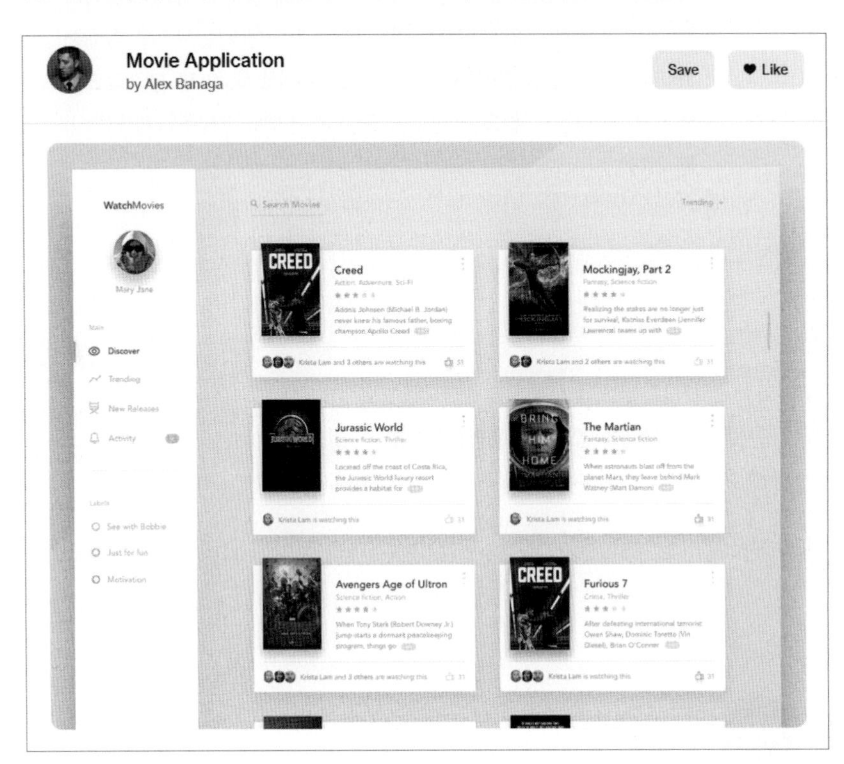

다만, 우리 영화 앱에는 회원 가입 기능이 없어. 그래서 회원이 영화 앱에 등록해 주는 데이터(좋아요, 회원이 직접 등록한 평점 등)와 관련된 기능은 없지. 우리 영화 앱에는 영화마다 다음과 같은 정보를 표시해 줄 거니까 참고하자.

<영화 정보>
- 영화 포스터 이미지
- 제목
- 개봉 연도
- 장르
- 등급
- 시놉시스

시놉시스는 영화 줄거리를 말합니다.

액션 01 App.css 내용 모두 지우기

본격적으로 영화 앱을 다듬는 작업으로 들어가기 전에 App.css의 내용을 지우자.

수정하자 ./src/App.css

모든 내용을 다 지우면 돼

액션 02 노마드 코더 영화 API에서 장르 키 살펴보기

아직 추가하지 않은 영화 데이터는 '장르'야. 노마드 코더 영화 API에서 장르 키가 뭐였는지 다시 한번 살펴보자. runtime 키 아래에 genres 키가 있네. 이걸 영화 앱에 추가할 거야.

API URL은 https://yts-proxy.now.sh/list_movies.json?sort_by=rating이었습니다. 잊지 마세요!

```
7    "data": {
8      "movie_count": 16084,
9      "limit": 20,
10     "page_number": 1,
11     "movies": [
12       {
13         "id": 15553,
14         "url": "https://yts.mx/movie/doctor-who-the-day-of-the-doctor-2013",
15         "imdb_code": "tt2779318",
16         "title": "Doctor Who The Day of the Doctor",
17         "title_english": "Doctor Who The Day of the Doctor",
18         "title_long": "Doctor Who The Day of the Doctor (2013)",
19         "slug": "doctor-who-the-day-of-the-doctor-2013",
20         "year": 2013,
21         "rating": 9.4,
22         "runtime": 77,
23         "genres": [
24           "Adventure",
25           "Drama",
26           "Family",
27           "Mystery",
28           "Sci-Fi"
29         ],
```

여기에 장르가 있어

액션 03 Movie 컴포넌트에 genres props 넘겨주기

App 컴포넌트에서 Movie 컴포넌트에 genres props를 넘겨준다 가정하고 Movie 컴포넌트를 수정해 보자. Movie 컴포넌트 인자에 genres를 추가하고, Movie.propTypes에는 genres props가 문자열 배열 arrayOf(PropTypes.string)이며 반드시 필요함(isRequired)을 추가하자.

수정하자 ./src/Movie.js

```
import React from 'react';
import PropTypes from 'prop-types';
import './Movie.css';

function Movie({ title, year, summary, poster, genres }) {
  return (
    <div class="movie">
      <img src={poster} alt={title} title={title} />
      <div class="movie__data">
        <h3 class="movie__title">{title}</h3>
        <h5 class="movie__year">{year}</h5>
        <p class="movie__summary">{summary}</p>
      </div>
    </div>
  );
}

Movie.propTypes = {
  year: PropTypes.number.isRequired,
  title: PropTypes.string.isRequired,
  summary: PropTypes.string.isRequired,
  poster: PropTypes.string.isRequired,
  genres: PropTypes.arrayOf(PropTypes.string).isRequired,
};
export default Movie;
```

genres props를 추가했고

genres의 prop-type를 추가했어

arrayOf(PropTypes.string)은 문자열을 원소로 하는 배열을 의미합니다.

영화 앱을 수정한 다음 실행하여 [Console] 탭을 열면 경고 메시지 2개가 보일 거야.

콘솔

```
Warning: Invalid DOM property `class`. Did you mean `className`?
Warning: Failed prop type: The prop `genres` is marked as required in
`Movie`, but its value is `undefined`.
```

첫 번째 경고 메시지는 JSX에 사용한 속성 중 class 속성이 className으로 사용되어야 한다는 뜻이고, 두 번째 경고 메시지는 genres props가 필수(required)인데 Movie 컴포넌트에 undefined로 넘어왔다는 뜻이야. class 속성은 className으로 바꿔 주고, genres가 잘 넘어오도록 App.js를 수정해 보자.

액션 04 App 컴포넌트 수정하기

우선 genres가 undefined인 상태를 고쳐 보자. App 컴포넌트에서 Movie 컴포넌트로 genres props를 전달하면 돼.

수정하자 ./src/App.js

```
import React from 'react';
import axios from 'axios';
import Movie from './Movie';
import './App.css';

class App extends React.Component {
  state = {
    (생략...)
  };
  getMovies = async () => {
    (생략...)
  };
  componentDidMount() {
    this.getMovies();
  }
  render() {
    const { isLoading, movies } = this.state;
    return (
      <section class="container">
        {isLoading ? (
          <div class="loader">
            <span class="loader__text">Loading...</span>
          </div>
```

```
        ) : (
          <div class="movies">
              (생략...)
              <Movie
                (생략...)
                poster={movie.medium_cover_image}
                genres={movie.genres}
              />
            (생략...)
          </div>
        )}
      </section>
    );
  }
}
export default App;
```

여기를 수정하면 돼

App 컴포넌트에서 Movie 컴포넌트로 genre props를 넘겨주므로 이제 genre props가 undefined라는 경고 메시지는 사라졌을 거야.

그러면 class 속성의 이름을 className으로 바꿔 보자. 그나저나 HTML에서는 class가 맞는데 왜 리액트에서는 class가 아닌 className으로 수정하라고 경고할까? 그건 JSX 때문이야. HTML의 class와 자바스크립트의 class라는 이름이 겹치면 리액트가 혼란스러울 수 있으므로 하나는 다른 이름을 써야 하는 거지.

리액트는 JSX를 HTML로 변환하면서 className을 class로 다시 바꿔 줍니다.

액션 05 class 속성 이름 className으로 바꿔 주기

앞에서 작성한 모든 코드에 있는 JSX의 class 속성 이름을 className으로 바꿔 주자. App.js, Movie.js 순서로 파일을 수정하자.

수정하자 ./src/App.js

```
import React from 'react';
import axios from 'axios';
import Movie from './Movie';
import './App.css';

class App extends React.Component {
  state = {
    isLoading: true,
    movies: [],
  };
  getMovies = async () => {
    (생략...)
  };
  componentDidMount() {
    this.getMovies();
  }
  render() {
    const { isLoading, movies } = this.state;
    return (
      <section className="container">
        {isLoading ? (
          <div className="loader">
            <span className="loader__text">Loading...</span>
          </div>
        ) : (
          <div className="movies">
            (생략...)
          </div>
        )}
      </section>
    );
  }
}

export default App;
```

수정하자 ./src/Movie.js

```
import React from 'react';
import PropTypes from 'prop-types';
import './Movie.css';

function Movie({ title, year, summary, poster, genres }) {
  return (
    <div className="movie">
      <img src={poster} alt={title} title={title} />
      <div className="movie__data">
        <h3 className="movie__title">{title}</h3>
        <h5 className="movie__year">{year}</h5>
        <p className="movie__summary">{summary}</p>
      </div>
    </div>
  );
}

Movie.propTypes = {
  (생략...)
};

export default Movie;
```

class를 className으로 변경했어

이제 class 속성 이름에 대한 경고 메시지도 사라졌을 거야. 이와 비슷한 경우를 하나 더 설명해 줄까? HTML의 label 엘리먼트에는 for라는 속성을 추가할 수 있는데, 이 속성 이름 역시 자바스크립트의 for 문 이름과 겹쳐. 그래서 JSX에는 <label for="name">이 아니라 <label htmlFor="name">와 같이 작성해 줘야 해.

for 문이나 for와 label 엘리먼트의 for 속성은 이름만 같을 뿐 기능은 다릅니다. 이를 구분하기 위해 label 엘리먼트의 for 속성을 htmlFor로 지정하는 것입니다.

액션 06 영화 장르 출력하기

이제 Movie 컴포넌트에서 장르를 출력하도록 코드를 수정해 보자. genres props가 배열이므로 map( ) 함수를 사용할 거야. genres props를 ul, li 엘리먼트로 감싸 출력해 보자.

수정하자 ./src/Movie.js

```
import React from 'react';
import PropTypes from 'prop-types';
import './Movie.css';

function Movie({ title, year, summary, poster, genres }) {
  return (
    <div className="movie">
      <img src={poster} alt={title} title={title} />
      <div className="movie__data">
        <h3 className="movie__title">{title}</h3>
        <h5 className="movie__year">{year}</h5>
        <ul className="movie__genres">
          {genres.map((genre) => {
            return <li className="movie__genre">{genre}</li>;
          })}
        </ul>
        <p className="movie__summary">{summary}</p>
      </div>
    </div>
  );
}

Movie.propTypes = {
  (생략...)
};

export default Movie;
```

ul 엘리먼트 안에

li 엘리먼트 여러 개를 출력할 거야

ul 엘리먼트를 시놉시스를 출력하는 p 엘리먼트 위에 위치시켰습니다. 출력 순서도 잘 확인해 보세요.

Doctor Who The Day of the Doctor

2013

- Adventure
- Drama
- Family
- Mystery
- Sci-Fi

장르가 잘 추가되었는지 확인해 봐

In 2013, something terrible is awakening in London's National Gallery; in 1562, a murderous plot is afoot in Elizabethan England; and somewhere in space an ancient battle reaches its devastating conclusion.

콘솔

```
Warning: Each child in a list should have a unique "key" prop.
```

이제 장르까지 잘 출력하네. 그런데 [Console] 탭을 보면 경고 메시지가 또 있네! 이 경고 메시지는 앞에서 설명했던 내용인데 혹시 잊은 건 아니지? 그래. 장르를 출력할 때 사용한 li 엘리먼트에 key props를 추가하지 않아서 그런 거야.

그런데 장르는 API에서 id와 같은 값을 매겨 주지 않았어. 따라서 li 엘리먼트에 제공할 마땅한 key가 없어. 이런 경우에는 어떻게 해야 할까? map( ) 함수에 전달할 함수에 두 번째 인자를 전달하면 돼. map( ) 함수에 전달할 함수의 2번째 인자에는 map( ) 함수가 반복 실행하며 반환할 배열 원소의 인덱스가 자동으로 들어와. 이 값을 이용하면 key props를 손쉽게 추가할 수 있어.

만약 map( ) 함수의 자세한 설명을 보고 싶다면 mz1.la/3a9rZFs를 참고하세요.

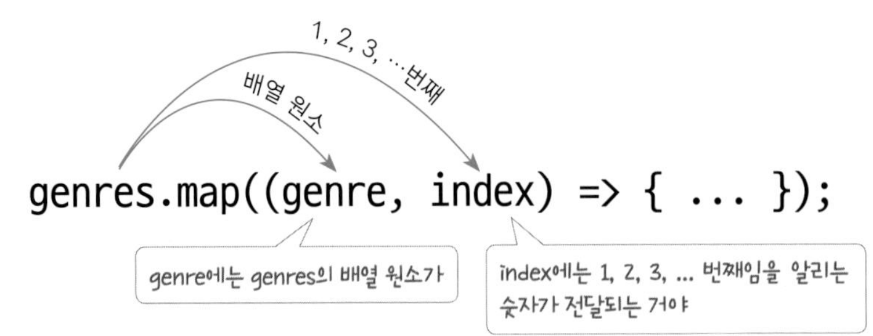

액션 07 li 엘리먼트에 key props 추가하기

보통 map( ) 함수의 2번째 인자 이름은 index라고 지어 주므로 genres.map((genre, index) => 〈li key={index} className="genres__genre"〉{genre}〈/li〉)와 같이 코드를 작성하자.

수정하자 ./src/Movie.js

```
import React from 'react';
import PropTypes from 'prop-types';
import './Movie.css';

function Movie({ title, year, summary, poster, genres }) {
  return (
    <div className="movie">
        (생략...)
        <ul className="movie__genres">
          {genres.map((genre, index) => {
            return (
              <li key={index} className="movie__genre">
                {genre}
              </li>
            );
          })}
        </ul>
        <p className="movie__summary">{summary}</p>
      </div>
    </div>
  );
}

Movie.propTypes = {
  (생략...)
};

export default Movie;
```

영화 앱을 실행해 보면 key props 경고 메시지가 사라졌을 거야. Movie 컴포넌트에 장르가 추가되었네. 이제 스타일링만 하면 되겠군!

07-2 영화 앱 멋지게 스타일링하기

앞에서도 설명했듯이 영화 앱 스타일링을 하려면 CSS를 알아야 해. 하지만 이 책은 영화 앱을 리액트로 만드는 과정에 집중하고 스타일링하는 방법은 설명하지 않을 거야. 그래도 CSS 파일을 작성하고 적용하는 과정은 함께해 보자.

액션 01 App.css 파일 수정하기

우선 App.css 파일부터 수정하자. App.css 파일에는 영화 앱 전체에 적용할 글꼴, 배경색 등을 적용했어.

App.css 파일은 만들어 두기만 했을 뿐 입력한 내용이 없으므로 빈 상태일 것입니다.

수정하자 ./src/App.css

```
* {
  box-sizing: border-box;
}

body {
  margin: 0;
  padding: 0;
  font-family: -apple-system, BlinkMacSystemFont, 'Segoe UI', Roboto,
Oxygen, Ubuntu, Cantarell, 'Open Sans', 'Helvetica Neue', sans-serif;
  background-color: #eff3f7;
  height: 100%;
}
```

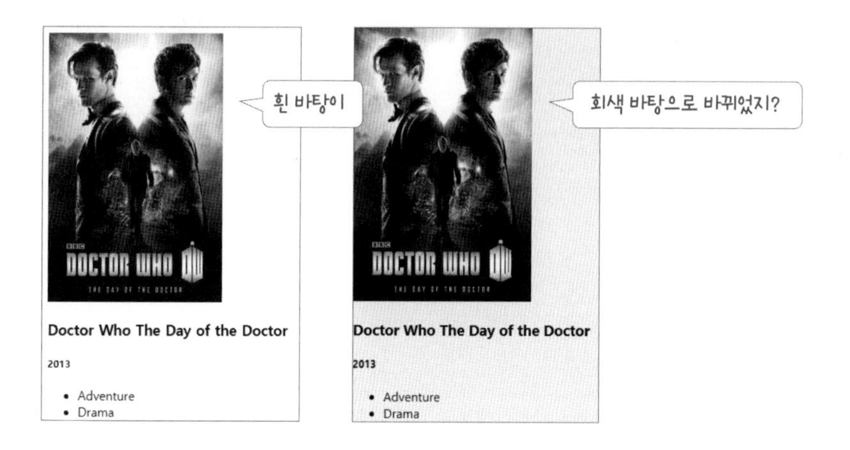

App.css를 수정한 다음 영화 앱을 실행해 보면 모습이 좀 달라졌을 거야. 하지만 영화 카드 모양으로 출력되지는 않는 상태야. 영화 카드 모양은 Movie.css를 수정해야 적용돼.

액션 02 Movie.css 파일 수정하기

이어서 Movie.css 파일을 수정하자.

Movie.css 파일 역시 만들어 두기만 했을뿐 입력한 내용이 없으므로 비어 있는 상태일 것입니다.

수정하자 ./src/Movie.css

```
.movies .movie {
  background-color: white;
  margin-bottom: 70px;
  font-weight: 300;
  padding: 20px;
  border-radius: 5px;
  color: #adaeb9;
  box-shadow: 0 13px 27px -5px rgba(50, 50, 93, 0.25), 0 8px 16px -8px
rgba(0, 0, 0, 0.3),
    0 -6px 16px -6px rgba(0, 0, 0, 0.025);
}
.movies .movie a {
  display: grid;
  grid-template-columns: minmax(150px, 1fr) 2fr;
  grid-gap: 20px;
  text-decoration: none;
  color: inherit;
```

```
}
.movie img {
  position: relative;
  top: -50px;
  max-width: 150px;
  width: 100%;
  margin-right: 30px;
  box-shadow: 0 30px 60px -12px rgba(50, 50, 93, 0.25), 0 18px 36px
-18px rgba(0, 0, 0, 0.3),
    0 -12px 36px -8px rgba(0, 0, 0, 0.025);
}
.movie .movie__title,
.movie .movie__year {
  margin: 0;
  font-weight: 300;
}
.movie .movie__title {
  margin-bottom: 5px;
  font-size: 24px;
  color: #2c2c2c;
}
.movie .movie__genres {
  list-style: none;
  padding: 0;
  margin: 0;
  display: flex;
  flex-wrap: wrap;
  margin: 5px 0px;
}
.movie__genres li,
.movie .movie__year {
  margin-right: 10px;
  font-size: 14px;
}
```

Movie.css 파일을 수정하면 영화 정보가 카드 모양으로 출력될 거야. 이때 영화 카드는 브라우저 폭에 따라 크기가 조절될 거야.

조금 더 수정해 볼까? 나는 여기서 시놉시스를 자르고 싶어. 다시 말해 영화 카드 안에 있는 시놉시스는 180자로 제한하고 싶어. 알다시피 시놉시스는 summary props에 저장되어 있는 문자열을 출력한 거야. summary props에 있는 문자열을 180자로 제한하려면 어떻게 해야 할까? 바로 자바스크립트의 slice( ) 함수를 사용하면 돼. slice( ) 함수를 문자열에 적용하려면 [문자열].slice(시작, 끝)와 같이 사용하면 돼.

```
"hereisstring".slice(0, 10) // "hereisstri"
 012 ... 11        시작 끝    012 ... 9
```

시작은 0부터고

끝은 포함되지 않음에 주의해!

액션 03 시놉시스 180자로 제한하기

{summary}를 {summary.slice(0, 180)}...}로 수정하자.

수정하자 ./src/Movie.js

```
import React from 'react';
import PropTypes from 'prop-types';
import './Movie.css';

function Movie({ title, year, summary, poster, genres }) {
  return (
    <div className="movie">
      <img src={poster} alt={title} title={title} />
      <div className="movie__data">
        <h3 className="movie__title">{title}</h3>
        <h5 className="movie__year">{year}</h5>
        <ul className="movie__genres">
          {genres.map((genre, index) => (
            <li key={index} className="genres__genre">
              {genre}
            </li>
          ))}
        </ul>
        <p className="movie__summary">{summary.slice(0, 180)}...</p>
      </div>
    </div>
  );
}
```

여기를 수정해

생략 표시로 ...을 추가했어

...는 자바스크립트 문법이 아니라 그냥 텍스트입니다. 원하는 생략 표시로 바꿔보세요.

```
Movie.propTypes = {
  (생략...)
};

export default Movie;
```

어때? 시놉시스가 모두 180자로 제한되고 생략 표시로 ...이 추가됐지? 이런 식으로 긴 글은 줄여서 표현할 수 있어.

액션 04 영화 앱 제목 살펴보기

우리 영화 앱 제목은 뭐로 되어 있을까? 한번 살펴보자. 영화 앱의 제목은 크롬 브라우저 탭에서 볼 수 있어. 지금은 create-react-app에서 지정한 기본값인 React App이라고 되어 있네.

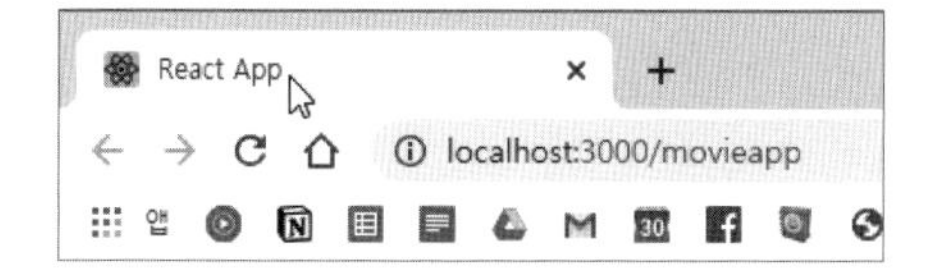

액션 05 영화 앱 제목 바꾸기

영화 앱 제목은 public 폴더의 index.html 파일을 열어 title 엘리먼트 사이에 넣으면 돼. title 엘리먼트는 head 엘리먼트 안에 있어.

수정하자 ./public/index.html

```
<!DOCTYPE html>
<html lang="en">
  <head>
    (생략...)
    <title>Movie App</title>
  </head>
  <body>
    (생략...)
  </body>
</html>
```

여기를 수정하면 돼

> 혹시 제목 왼쪽에 있는 아이콘을 바꾸고 싶나요? 그렇다면 public 폴더의 favicon.ico 파일을 원하는 아이콘 이미지 파일로 바꾸면 됩니다.

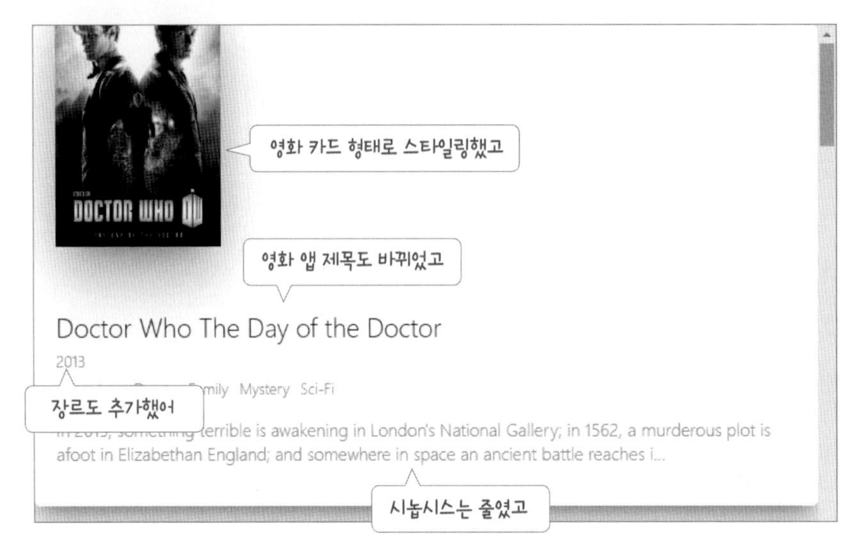

자! 이제 영화 앱을 제대로 만든 것 같아. 영화 앱 제목도 새로 바꾸고, 영화 카드 모양도 만들고, 장르도 추가하고, 시놉시스는 180자로 제한했어. 어때 아주 멋지지? 그런데 아직 끝난 게 아니야! 다음 클론 코딩에서는 영화 앱에 내비게이션, 상세 페이지 이동 기능을 추가할 거야.

> 영화 포스터 이미지의 위치는 08장에서 바로 잡을 예정입니다.

영화 앱에 여러 기능 추가하기

영화 앱을 만들게 된 것을 축하해. 하지만 영화 앱을 더 그럴듯하게 만들어볼 수 없을까? 예를 들어 내비게이션 기능이나, 영화 카드를 누르면 영화 상세 정보로 이동하는 기능을 추가하는 거지. 바로 여기서 이 2가지 기능을 모두 만들어 볼 거야. 그럼 시작해 볼까?

노마드 코더 니꼬샘의 강의 보러가기

Getting ready for the router • youtu.be/IRvsU-t4tRM

The Shawshank Redemption

1994

Action Crime Drama

Chronicles the experiences of a formerly successful banker as a prisoner in the gloomy jailhouse of Shawshank after being found guilty of a crime he did not commit. The film portra...

08-1 react-router-dom 설치하고 프로젝트 폴더 정리하기

가장 처음으로 만들 기능은 내비게이션 기능이야. 내비게이션 기능을 추가하면 어떤 효과를 기대할 수 있을까? 다음은 내비게이션 기능으로 Home, About 메뉴를 추가한 모습이야.

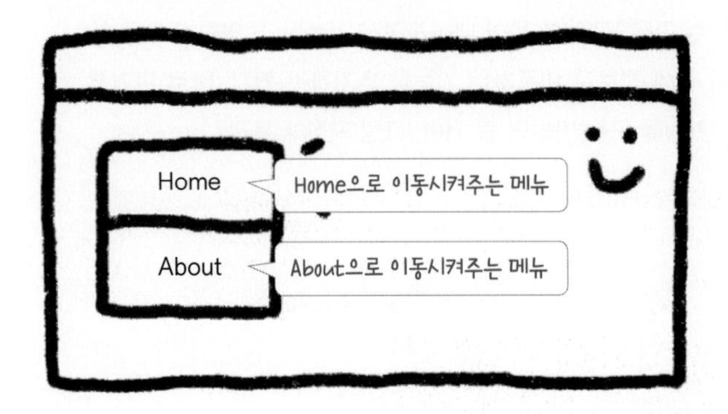

Home은 영화 앱 화면으로 이동시켜주고, About은 개발자 자기 소개 화면으로 이동시켜줄 거야. 이때 '화면 이동'을 시켜주려면 '화면 이동을 시켜주는 장치'가 필요해. 그게 라우터야. 앞으로 라우터라는 용어를 자주 사용할 건데, 라우터는 그냥 화면 이동을 시켜주는 장치라고 이해하면 돼. 라우터는 react-router-dom 패키지를 이용하면 쉽게 도입할 수 있어.

쉽게 말하면 라우터는 URL에 맞게 이동시켜주는 장치입니다.

액션 01 react-router-dom 설치하기

우선 react-router-dom 패키지를 설치해 보자. 패키지 설치는 이제 너무 익숙하지?

```
C:\_ 명령 프롬프트
> npm install react-router-dom
```

액션 02 components 폴더에 Movie 컴포넌트 옮기기

이제 컴포넌트를 역할에 맞게 분리해서 폴더에 담아 관리할 거야. 우선 Movie 컴포넌트부터 자리를 마련해 주자. src 폴더 안에 components 폴더를 만들자. 그리고 Movie.js와 Movie.css를 components에 옮기자. 만약 VSCode에서 무언가를 업데이트하겠냐고 물어보는 창을 띄워주면 〈No〉를 눌러.

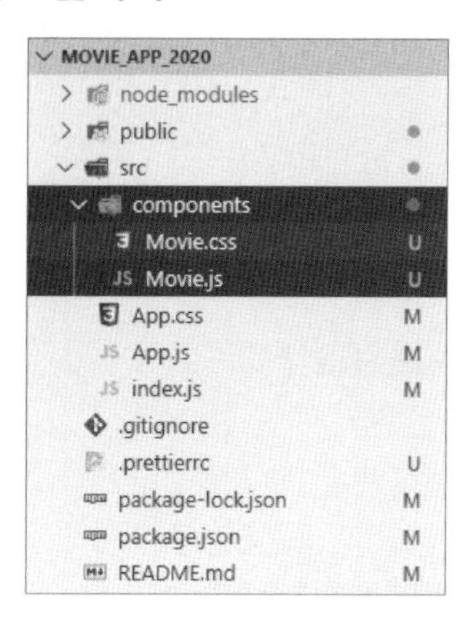

src 폴더 1단계 아래에 components 폴더를 만드세요.

액션 03 routes 폴더에 라우터가 보여줄 화면 만들기

src 폴더 안에 routes 폴더를 만들어. 여기에 라우터가 보여줄 화면(컴포넌트)을 만들 거야. 우리는 내비게이션에 Home, About 메뉴를 만들 거니까 Home.js, About.js 파일을 만들면 돼.

Home.js 파일은 영화 앱 화면, About.js 파일은 개발자 소개 화면이야. **Home.js 파일에 작성할 코드는 App.js 파일의 코드를 그대로 복사하면 되니까 Home.js 파일부터 수정해 보자.**

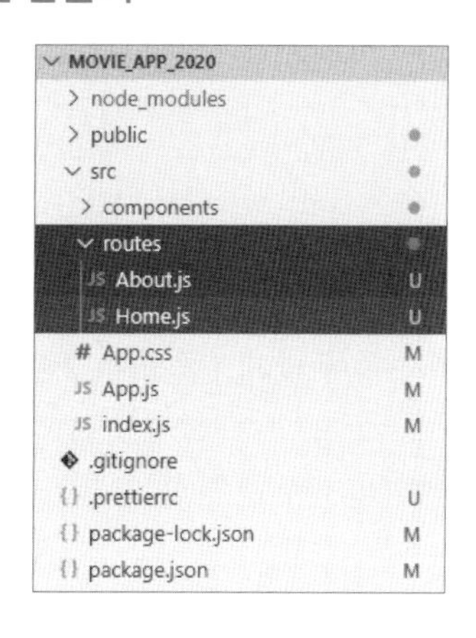

src 폴더 1단계 아래에 routes 폴더를 만드세요. 그런 다음 About.js, Home.js 파일을 만드세요.

액션 04 Home.js 수정하기

App.js의 코드를 Home.js로 복사하자. 클래스 이름은 App에서 Home으로 바꿔야 하겠지? class Home, export default Home 모두 바꿔야 해. Movie 컴포넌트를 임포트하고, 스타일링을 위한 Home.css도 임포트하자.

수정하자 ./src/routes/Home.js

```
import React from 'react';
import axios from 'axios';
import Movie from '../components/Movie'; ← Movie 컴포넌트와
import './Home.css'; ← Home.css를 임포트하고
          여기와

class Home extends React.Component {
  (생략...)
}

export default Home; ← 여기를 바꾸면 돼
```

Home.css을 임포트하도록 코드를 수행했으므로 이어서 Home.css를 만들어 보자.

액션 05 Home.css 만들기

routes 폴더에 Home.css를 만든 다음 아래와 같이 입력하자. 이 과정을 통해 영화 카드가 브라우저 폭에 맞게 1줄 또는 2줄로 출력될거야.

새로 만들자 ./src/routes/Home.css

```
.container {
  height: 100%;
  display: flex;
  justify-content: center;
}

.loader {
  width: 100%;
  height: 100vh;
  display: flex;
  justify-content: center;
  align-items: center;
  font-weight: 300;
}
```

```
.movies {
  display: grid;
  grid-template-columns: repeat(2, minmax(400px, 1fr));
  grid-gap: 100px;
  padding: 50px;
  width: 80%;
  padding-top: 70px;
}

@media screen and (max-width: 1090px) {
  .movies {
    grid-template-columns: 1fr;
    width: 100%;
  }
}
```

액션 06 App.js 수정하기

정말 그런지 확인해 볼까? App.js를 다음과 같이 수정한 다음 영화 앱을 실행해 보자.

수정하자 ./src/App.js

```
import React from 'react';
import Home from './routes/Home';
import './App.css';

function App() {
  return <Home />;
}

export default App;
```

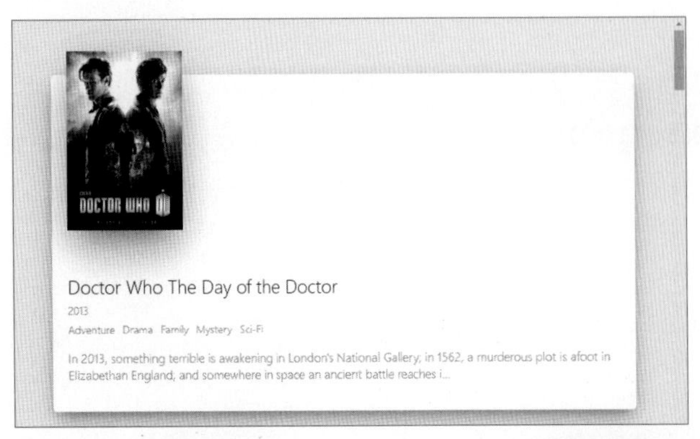

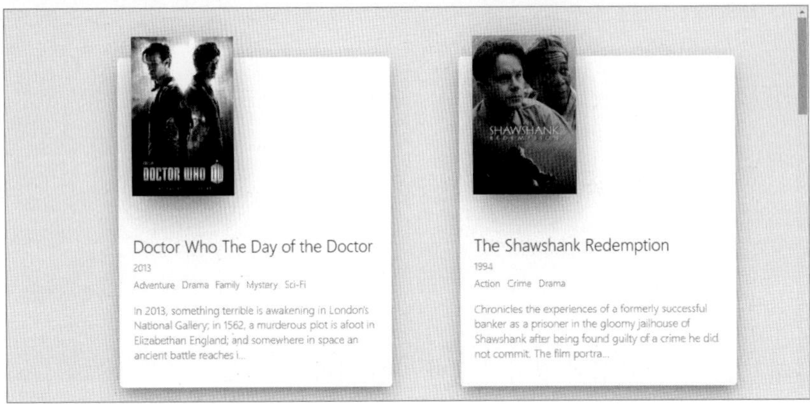

코드를 저장하고 영화 앱을 확인해 봐. 어때? 브라우저 폭에 맞게 영화 카드가 1줄 또는 2줄로 출력되지? 또 맨 위에 있는 영화 포스터 이미지가 잘리지도 않게 바뀌었어.

이제 App.js가 2개의 라우터(Home.js, About.js)를 보여줄 수 있도록 만들면 돼. 자! 여기까지의 내용이 프로젝트 폴더를 정리한 거야. 이제 조금씩 라우터를 만들어 나가보자.

08-2 라우터 만들어 보기

이제 우리는 App.js를 수정해서 라우터를 만들어 볼 거야. 라우터는 어떤 일을 할까? 라우터는 사용자가 입력한 URL을 통해 특정 컴포넌트를 불러줘. 예를 들어 사용자가 localhost:3000/home이라고 입력하면 Home 컴포넌트를, localhost:3000/about이라고 입력하면 About 컴포넌트를 불러주는 거지. 이게 라우터의 역할이야. react-router-dom은 여러 종류의 라우터를 제공하는데 우리는 HashRouter와 Route 컴포넌트를 사용할 거야.

액션 01 HashRouter와 Route 컴포넌트 사용하기

HashRouter와 Route 컴포넌트를 임포트한 다음, HashRouter 컴포넌트가 Route 컴포넌트를 감싸 반환하도록 App.js를 수정해 보자. 그리고 컴포넌트를 임포트하는 코드와 사용한 코드는 잠시 지워 두자.

수정하자 ./src/App.js

```
import React from 'react';
import Home from './routes/Home';
import './App.css';
import { HashRouter, Route } from 'react-router-dom';

function App() {
  return (
    <HashRouter>
      <Route />
    </HashRouter>
  );
}

export default App;
```

라우터를 만든 다음 Home 컴포넌트가 보이도록 다시 수정할 것입니다.

앱이 실행되는 주소에 #/이 붙을 거야. 이건 HashRouter 때문이니까 크게 당황하지 말자. 이무튼! Route에는 2가지 props를 전달할 수 있는데 하나는 URL을 위한 path props이고, 하나는 URL에 맞는 컴포넌트를 불러 주기 위한 component props야. path, component props를 통해 사용자가 접속한 URL을 보고, 그에 맞는 컴포넌트를 화면에 그릴 수 있게 되는 거지. 한번 해볼까?

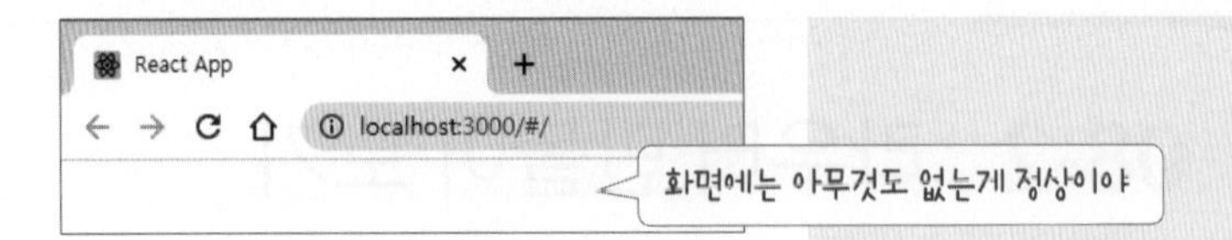

액션 02 Route 컴포넌트에 path, component props 추가하기

About 컴포넌트를 임포트하고 path, component props에 URL과 About 컴포넌트를 전달하자.

수정하자 ./src/App.js

```
import React from 'react';
import './App.css';
import { HashRouter, Route } from 'react-router-dom';
import About from './routes/About';

function App() {
  return (
    <HashRouter>
      <Route path="/about" component={About} />
    </HashRouter>
  );
}

export default App;
```

액션 03 About.js 수정하기

아직 About.js에는 아무것도 입력한 적이 없으니까 About.js도 간단히 작성해 보자.

수정하자 ./src/routes/About.js

```
import React from 'react';

function About() {
  return <span>About this page: I built it because I love movies.</
span>;
}

export default About;
```

HashRouter에 Route를 넣었고, Route가 About 컴포넌트를 불러오도록 만들었어. 이제 우리의 라우터를 테스트해 보자.

액션 04 라우터 테스트해 보기

localhost:3000/#에 path props로 지정했던 값 /about을 붙여서 다시 접속해 보자.

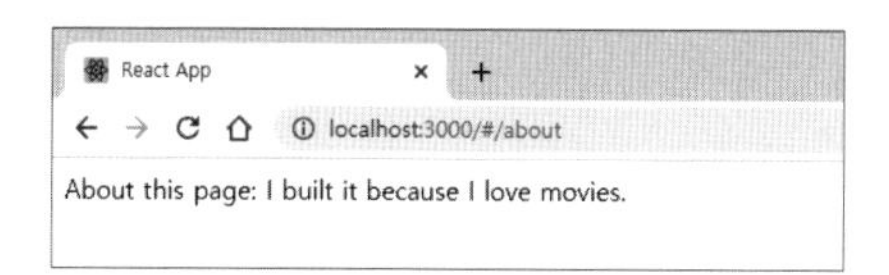

URL은 localhost:3000/#/about이고, About 컴포넌트에 작성했던 내용이 나왔지? Route 컴포넌트에 전달한 path props를 보고 component props에 지정한 About 컴포넌트를 그려준 거야. 이처럼 라우터는 엄청 쉬운 개념이야. 이제 Home 컴포넌트도 보여줄 수 있도록 App.js를 수정해 보자.

액션 05 Home 컴포넌트를 위한 Route 컴포넌트 추가하기

App 컴포넌트에 Home 컴포넌트를 임포트하고, 또 다른 Route 컴포넌트를 추가하자.

수정하자 ./src/App.js

```
import React from 'react';
import './App.css';
import { HashRouter, Route } from 'react-router-dom';
import About from './routes/About';
import Home from './routes/Home';

function App() {
  return (
    <HashRouter>
      <Route path="/" component={Home} />
      <Route path="/about" component={About} />
    </HashRouter>
  );
}

export default App;
```

path props를 "/"으로 입력한 이유는 localhost:3000에 접속하면 기본으로 보여줄 컴포넌트가 Home 컴포넌트라서 그래.

액션 06 라우터 테스트하고 문제 찾아보기

이제 다시 라우터를 테스트해 보자. localhost:3000에 접속하면 주소 뒤에 자동으로 /#/가 붙으면서 영화 앱 화면이 나타날 거야. 이어서 /about에도 접속해 보자. 그러면 이상하게도 About 컴포넌트와 함께 Movie 컴포넌트가 출력될 거야.

스크롤바를 맨 아래로 내리면 About 컴포넌트의 내용이 보일 거예요.

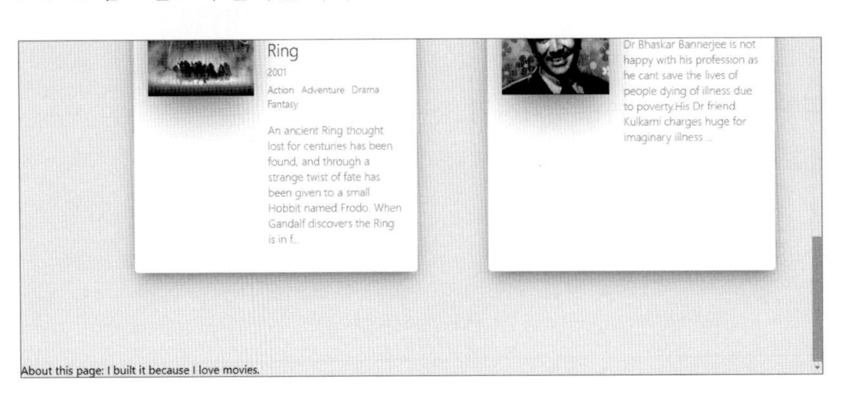

그래. /about에 접속하면 About 컴포넌트만 보여야 하는데 Movie 컴포넌트가 같이 보이는 문제가 있어. 리액트 라우터를 아직 제대로 활용하지 못하고 있어서 그래. 리액트 라우터가 어떻게 동작하는지 자세히 알아볼까?

액션 07 라우터 자세히 살펴보기

라우터의 동작을 자세히 알아보기 위해 Home, About 컴포넌트는 잠시 잊고, 아래와 같이 라우터를 구성하자.

수정하자 ./src/App.js

```
import React from 'react';
import './App.css';
import { HashRouter, Route } from 'react-router-dom';
import About from './routes/About';
import Home from './routes/Home';

function App() {
  return (
    <HashRouter>
      <Route path="/home">
        <h1>Home</h1>
      </Route>
      <Route path="/home/introduction">
        <h1>Introduction</h1>
      </Route>
      <Route path="/about">
        <h1>About</h1>
      </Route>
    </HashRouter>
  );
}

export default App;
```

라우터가 h1 엘리먼트를 보여주고 있지? 여기서 주목해야 할 부분은 path props야. 지금까지 공부한 대로면 아래의 상황이 예상될 거야.

- localhost:3000/#/home → <h1>Home</h1> 출력
- localhost:3000/#/home/introduction → <h1>Introduction</h1> 출력
- localhost:3000/#/about → <h1>About</h1> 출력

라우터 다시 테스트해 보기

정말 그럴까? 라우터를 테스트해 보자고. 우선 /home에 접속해 보자.

Home

별 문제가 없어 보이지? /home/introduction에 접속하면 어떨까?

Home

Introduction

Home과 Introduction을 함께 출력하고 있어. 아까 본 문제와 같지. 이 문제가 발생한 이유는 라우터가 URL을 찾는 방식이 아래와 같기 때문이야.

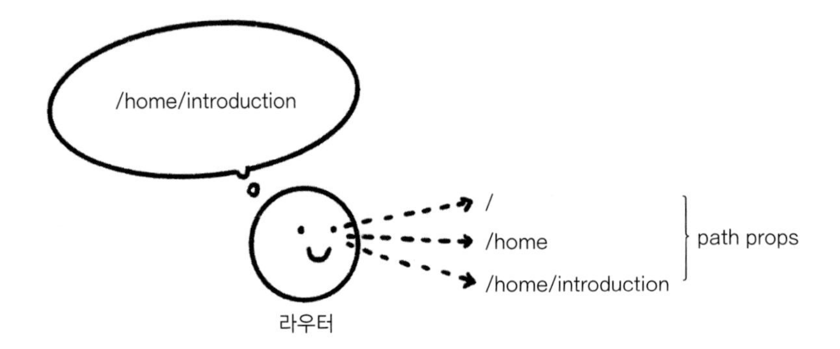

라우터는 사용자가 /home/introduction에 접속하면 /, /home, /home/introduction 순서로 path props가 있는지 찾아. 그런데 path props에는 /home과 /home/introduction이 모두 있지? 그런 이유로 /home/introduction으로 접속한 경우 Home, Introduction 컴포넌트가 모두 그려지는 거야.

같은 원리로 사용자가 /about에 접속하면 /, /about 순서로 path props를 찾으므로 Home, About 컴포넌트가 모두 그려지는 거야.

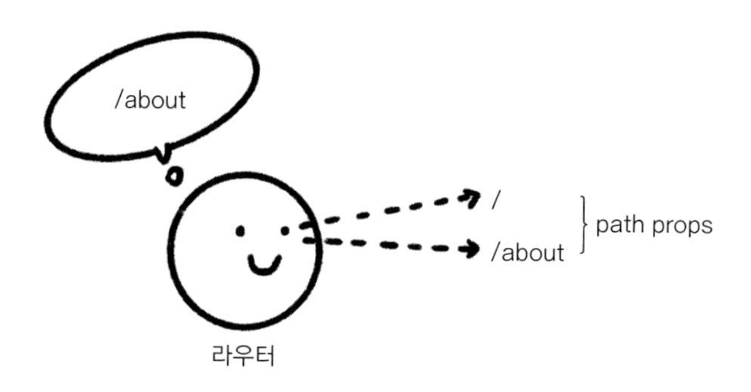

액션 09 App.js 다시 원래대로 돌리기

이제 다시 Home, About 컴포넌트를 그려주었던 상태로 코드를 돌려 놓자. 그런 다음 /about에 다시 접속해 봐.

수정하자 ./src/App.js

```
import React from 'react';
import './App.css';
import { HashRouter, Route } from 'react-router-dom';
import About from './routes/About';
import Home from './routes/Home';

function App() {
  return (
    <HashRouter>
      <Route path="/" component={Home} />
      <Route path="/about" component={About} />
    </HashRouter>
  );
}

export default App;
```

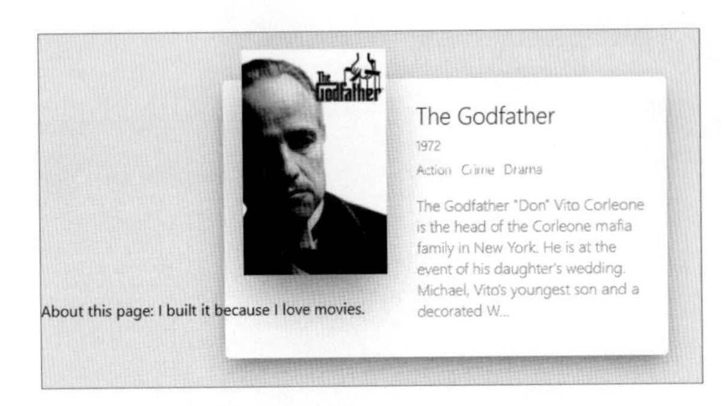

그러면 여전히 Home, About 컴포넌트가 모두 그려질 거야. 하지만 이제 우리는 이렇게 되는 이유를 알고 있으니까 괜찮아.
이 현상을 고치려면 어떻게 해야 할까? 바로 Route 컴포넌트에 exact props를 추가하면 돼. exact props는 Route 컴포넌트가 path props와 정확하게 일치하는 URL에만 반응하도록 만들어 줘. 정말 그런지 확인해 볼까?

액션 10 Route 컴포넌트에 exact props 추가해 보기

path props가 "/"인 Route 컴포넌트에 exact={true}를 추가해 보자.

수정하자 ./src/App.js

```
import React from 'react';
import './App.css';
import { HashRouter, Route } from 'react-router-dom';
import About from './routes/About';
import Home from './routes/Home';

function App() {
  return (
    <HashRouter>
      <Route path="/" exact={true} component={Home} />
      <Route path="/about" component={About} />
    </HashRouter>
  );
}

export default App;
```

```
About this page: I built it because I love movies.
```

실행 결과를 보니 이제는 /about에 접속하면 About 컴포넌트만 출력될 거야. path props가 정확히 /인 경우에만 Home 컴포넌트만 출력되도록 설정되었으니까!
이제 라우터를 제대로 활용할 수 있게 되었어. 마지막으로 About 컴포넌트의 모양을 다듬기 위해 스타일을 적용하자.

액션 11 About.css 작성하기

routes 폴더에 About.css 파일을 생성한 다음 아래와 같이 입력하고 저장해. 그런 다음 About.js에 About.css를 임포트하고 임포트한 About.css를 적용할 수 있도록 JSX를 수정하자.

새로 만들자 ./src/routes/About.css

```
.about__container {
  box-shadow: 0 13px 27px -5px rgba(50, 50, 93, 0.25), 0 8px 16px -8px
rgba(0, 0, 0, 0.3),
    0 -6px 16px -6px rgba(0, 0, 0, 0.025);
  padding: 20px;
  border-radius: 5px;
  background-color: white;
  margin: 0 auto;
  margin-top: 100px;
  width: 100%;
  max-width: 400px;
  font-weight: 300;
}

.about__container span:first-child {
  font-size: 20px;
}
```

```css
.about__container span:last-child {
  display: block;
  margin-top: 10px;
}
```

수정하자 ./src/routes/About.js

```jsx
import React from 'react';
import './About.css';

function About() {
  return (
    <div className="about__container">
      <span>
        "Freedom is the freedom to say that two plus two make four. If
        that is granted, all else
        follows."
      </span>
      <span>- George Orwell, 1984</span>
    </div>
  );
}

export default About;
```

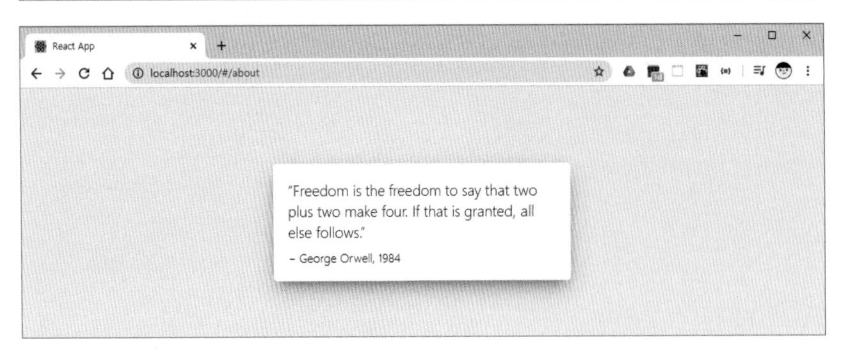

앱을 실행하여 /about으로 접속하면 위와 같은 화면이 나타날 거야. 이제 내비게이션 메뉴를 만들면 되겠네. 07-3에서 내비게이션 메뉴를 만들어 보자.

08-3 내비게이션 만들어 보기

이제 라우터가 준비되었으므로 내비게이션을 통해 다른 화면으로 이동하면 돼. 여기서는 라우터를 이용하여 간단한 내비게이션을 만들어 볼 거야. 정말 간단해. 〈Home〉과 〈About〉이라는 2개의 버튼을 만들고, 각각의 버튼을 눌렀을 때 적절한 화면을 보여주도록 클론 코딩할 거야.

액션 01 Navigation 컴포넌트 만들기

components 폴더에 Navigation.js 파일을 만들고 2개의 a 엘리먼트를 반환하도록 JSX를 작성하자.

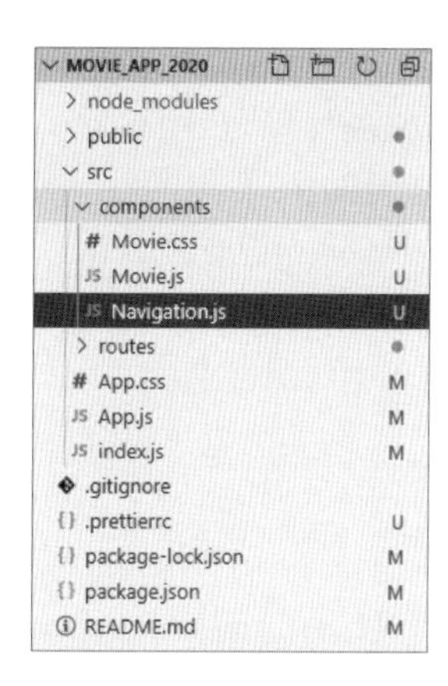

새로 만들자 ./src/components/Navigation.js

```
import React from 'react';

function Navigation() {
  return (
    <div>
      <a href="/">Home</a>
      <a href="/about">About</a>
    </div>
  );
}

export default Navigation;
```

2개의 a 엘리먼트는 각각 URL을 /와 /about으로 이동시켜줄 것 같지? 하지만 아니야. Navigation 컴포넌트를 App 컴포넌트에 포함시키면 어떤 문제가 생길까?

액션 02 Navigation 컴포넌트 App 컴포넌트에 포함시키기

App 컴포넌트에 Navigation 컴포넌트를 포함시켜보자. Navigation.js를 임포트하고, 〈HashRouter〉〈/HashRouter〉 사이에 포함시키면 돼.

수정하자 ./src/App.js

```
import React from 'react';
import './App.css';
import { HashRouter, Route } from 'react-router-dom';
import Home from './routes/Home';
import About from './routes/About';
import Navigation from './components/Navigation';

function App() {
  return (
    <HashRouter>
      <Navigation />
      <Route path="/" exact={true} component={Home}></Route>
      <Route path="/about" component={About}></Route>
    </HashRouter>
  );
}

export default App;
```

영화 앱을 실행하면 왼쪽 위에 Navigation 컴포넌트가 출력하는 Home, About 링크(a 엘리먼트)를 확인할 수 있을 거야. 이건 잘 동작할까?

액션 03 Home 링크 눌러 보기

Home 링크를 눌러 보면 겉으로 보기에는 잘 동작하는 것 같아.

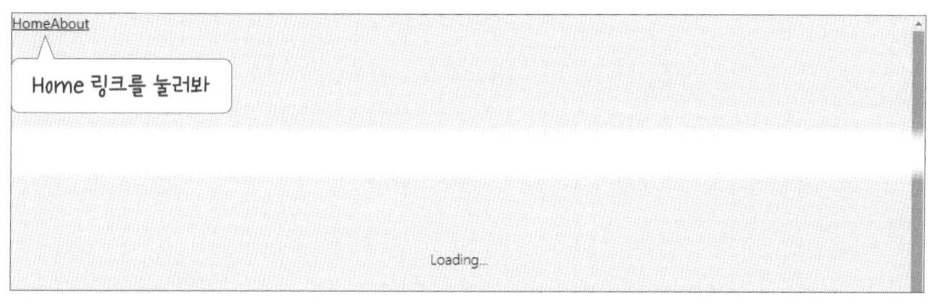

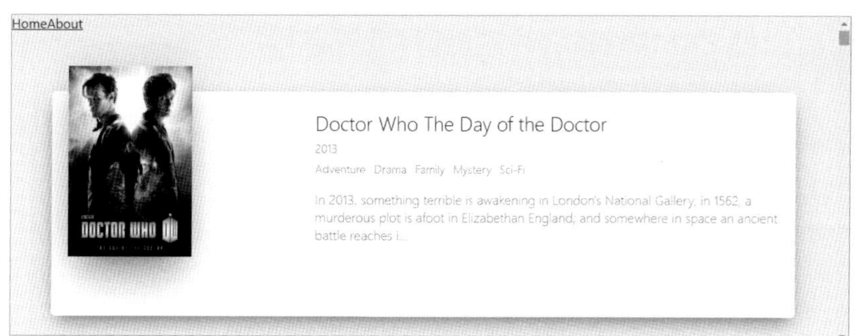

하지만 현재는 링크를 누를 때마다 리액트가 죽고, 새 페이지가 열리는 문제가 있어(화면 전체가 새로 고침되는 문제). a 엘리먼트 특징 때문이야. a 엘리먼트의 href 속성은 페이지 전체를 다시 그리거든. 이 상태라면 필요한 부분만 다시 그려주는 리액트의 장점을 활용하기 힘들어. 이 문제를 해결하려면 어떻게 해야 할까? 바로 react-router-dom의 Link 컴포넌트를 사용하면 돼.

또한 HashRouter가 제대로 동작하지 않아 /about#/으로 주소가 표시되는 문제도 있습니다.

액션 04 a 엘리먼트 Link 컴포넌트로 바꾸기

Navigation 컴포넌트에 Link 컴포넌트를 임포트한 다음 a 엘리먼트를 Link 컴포넌드로 바꾸사. 그리고 href 속성은 to로 바꿔. 그런 다음 영화 앱을 다시 실행하고 Home과 About 링크를 한 번씩 눌러 보자.

수정하자 ./src/components/Navigation.js

```
import React from 'react';
import { Link } from 'react-router-dom';

function Navigation() {
  return (
    <div>
      <Link to="/">Home</Link>
      <Link to="/about">About</Link>
    </div>
  );
}

export default Navigation;
```

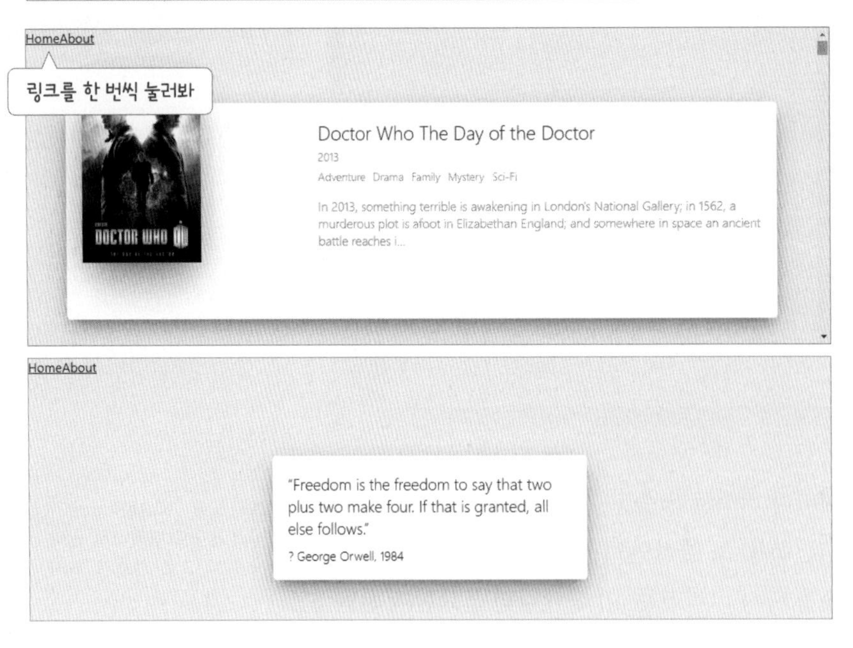

자! 이제 페이지 전체가 다시 새로 고침되지 않지? 내비게이션이 제대로 만들어진 거야. 여기서 반드시 기억해야 할 내용은 Link, Router 컴포넌트는 반드시 HashRouter 안에 포함되어야 한다는 거야.

액션 05 Navigation 컴포넌트 위치 다시 확인하기

혹시 실수로 Navigation 컴포넌트를 HashRouter 바깥에 위치시켰다면 컴포넌트의 위치를 다시 확인해 봐.

> Navigation 컴포넌트에서 Link 컴포넌트를 반환하므로 Navigation 컴포넌트는 HashRouter 컴포넌트 안에 있어야겠지요?

확인하자 ./src/App.js

```
import React from 'react';
(생략...)

function App() {
  return (
    <Navigation />        여기가 아니라
    <HashRouter>
      <Navigation />      여기에 있어야 해
      <Route path="/" exact={true} component={Home} />
      <Route path="/about" component={About} />
    </HashRouter>
  );
}

export default App;
```

액션 06 Navigation 컴포넌트 스타일링하기

마지막으로 내비게이션을 스타일링해 보자. components 폴더에 Navigation.css 파일을 만들고 아래와 같이 작성한 다음 Navigation 컴포넌트에 임포트시키자. 또 Navigation.css 파일을 Navigation 컴포넌트에 적용시키기 위해 Navigation 컴포넌트의 JSX를 수정하자.

새로 만들자 ./src/components/Navigation.css

```
.nav {
  z-index: 1;
  position: fixed;
  top: 50px;
  left: 10px;
  display: flex;
  flex-direction: column;
  background-color: white;
  padding: 10px 20px;
  box-shadow: 0 13px 27px -5px rgba(50, 50, 93, 0.25), 0 8px 16px -8px
rgba(0, 0, 0, 0.3),
    0 -6px 16px -6px rgba(0, 0, 0, 0.025);
  border-radius: 5px;
}

@media screen and (max-width: 1090px) {
  .nav {
    left: initial;
    top: initial;
    bottom: 0px;
    width: 100%;
  }
}

.nav a {
  text-decoration: none;
  color: #0008fc;
  text-transform: uppercase;
  font-size: 12px;
  text-align: center;
  font-weight: 600;
}

.nav a:not(:last-child) {
  margin-bottom: 20px;
}
```

수정하자 ./src/components/Navigation.js

```
import React from 'react';
import { Link } from 'react-router-dom';
import './Navigation.css';

function Navigation() {
  return (
    <div className="nav">
      <Link to="/">Home</Link>
      <Link to="/about">About</Link>
    </div>
  );
}

export default Navigation;
```

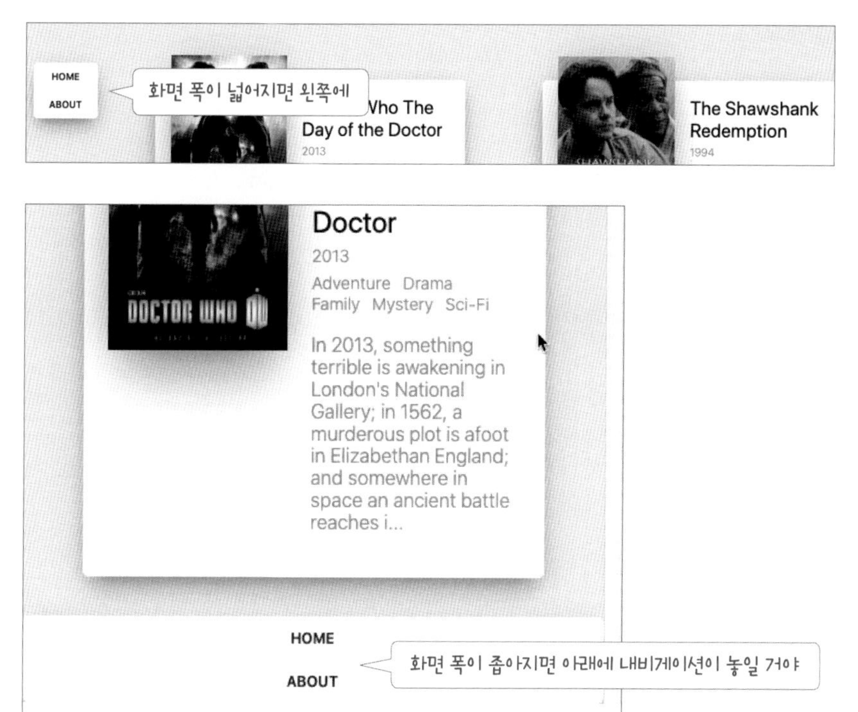

모양을 좀 다듬으니까 이제 내비게이션다워졌지? 이제 영화 카드를 누르면 상세 정보가 나오는 기능을 추가해 보자.

08-4 영화 상세 정보 기능 만들어 보기

Home에서 볼 수 있는 영화 정보는 아주 일부분이야. 영화 API를 통해 더 많은 정보를 받고 있으니까 이걸 활용해 보자. 여기서는 영화 카드를 누르면 상세 정보를 보여주는 기능을 만들거야.
그런데 여기서 잠깐! 이 기능을 만들기 위해서는 route props를 반드시 이해해야 해. route props란 라우팅 대상이 되는 컴포넌트에 넘겨주는 기본 props를 말해. 다시 말하자면 우리가 직접 넘겨주지 않아도 기본으로 넘어가는 route props라는 것이 있고, 이것을 이용해야 영화 데이터를 상세 정보 컴포넌트에 전달할 수 있어. 아직 route props가 무엇인지 감이 잘 안 잡히지? 클론 코딩하며 자세히 알아보자.

액션 01 route props 살펴보기

우선 console.log( )를 통해 About으로 어떤 props가 넘어오는지 살펴보자.

About으로 이동해야 console.log( ) 함수의 출력 결과를 확인할 수 있습니다.

수정하자 ./src/routes/About.js

```
import React from 'react';
import './About.css';

function About(props) {
  console.log(props);
  return (
    <div className="about__container">
      <span>
        "Freedom is the freedom to say that two plus two make four. If
        that is granted, all else
        follows."
      </span>
      <span>? George Orwell, 1984</span>
```

```
    </div>
  );
}

export default About;
```

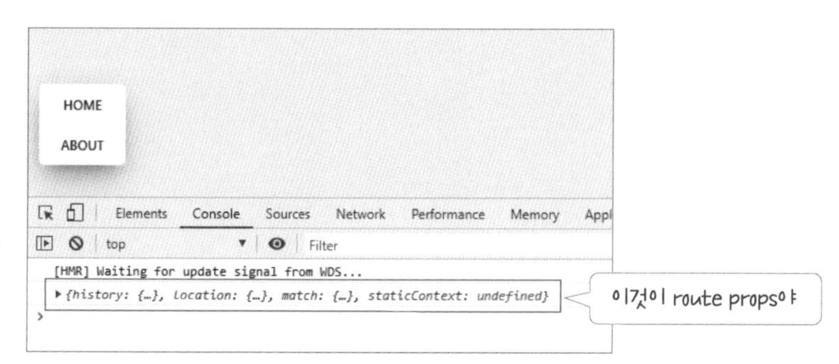

About으로 이동하면 [Console] 탭에 {history: {...}, Location: {...}, match: {...}, staticContext: undefined}가 보일 거야. 이게 바로 react-router-dom에서 Route 컴포넌트가 그려줄 컴포넌트에 전달한 props야. 값이 좀 많아서 걱정되지? 이 값들을 다 알 필요는 없어.

우리가 주목해야 할 점은 Route 컴포넌트가 그려줄 컴포넌트에는 항상 이 props가 전달되고, 이 props에 우리 마음대로 데이터를 담아 보내줄 수 있다는 사실이야. 그러면 route props에 데이터를 담아 보내 볼까?

액션 02 route props에 데이터 담아 보내기

route props에 데이터를 담아 보내려면 Navigation 컴포넌트에 있는 Link 컴포넌트의 to props의 구조를 조금 바꿔야 해. 아래와 같이 Navigation 컴포넌트 /about으로 보내주는 Link 컴포넌트의 to props를 수정해 보자.

수정하자 ./src/routes/Navigation.js

```
import React from 'react';
import { Link } from 'react-router-dom';
import './Navigation.css';
```

```
function Navigation() {
  return (
    <div className="nav">
      <Link to="/">Home</Link>
      <Link to={{ pathname: '/about', state: { fromNavigation: true }
}}>About</Link>
    </div>
  );
}

export default Navigation;
```

코드에서 보듯 to props에 객체를 전달했어. pathname은 URL을 의미하고, state는 우리가 route props에 보내줄 데이터를 의미해. state에 담아 보낸 객체가 정말 About 컴포넌트로 넘어갔을까? 확인해 보자.

액션 03 route props 다시 살펴보기

/about으로 이동한 다음 [console] 탭에서 [location]을 펼쳐 봐. 그러면 state 키에 우리가 보내준 데이터를 확인할 수 있을 거야.

localhost:3000에 다시 접속한 다음 /about으로 이동해야 [location → state]의 내용이 제대로 보입니다.

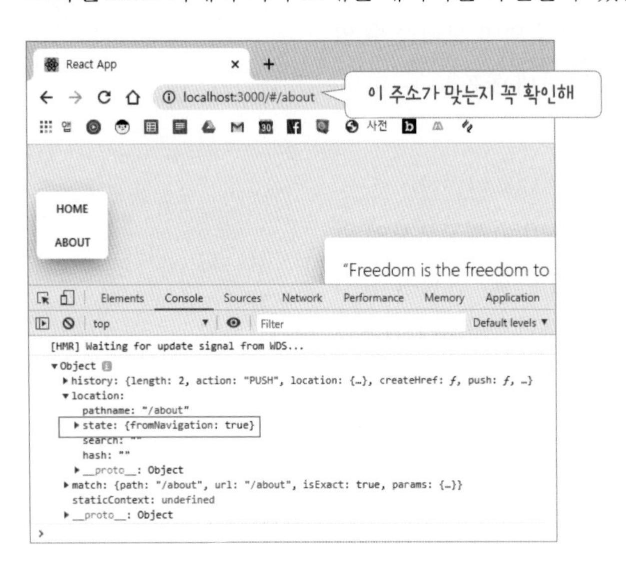

이제 route props가 무엇이고, 어떻게 사용하는지 알았지?

액션 04 Navigation 컴포넌트 정리하기

액션 03까지 작성한 코드는 사용하지 않을 것이므로 Navigation 컴포넌트를 원래대로 돌려 놓자.

수정하자 ./src/components/Navigation.js

```
import React from 'react';
import { Link } from 'react-router-dom';
import './Navigation.css';

function Navigation() {
  return (
    <div className="nav">
      <Link to="/">Home</Link>
      <Link to="/about">About</Link>
    </div>
  );
}

export default Navigation;
```

이제 본격적으로 영화 상세 정보 기능을 만들어 볼까? Movie 컴포넌트를 누르면 영화 상세 정보 페이지로 이동해야 하니까 Movie 컴포넌트에 Link 컴포넌트를 추가하면 돼.

액션 05 Movie 컴포넌트에 Link 컴포넌트 추가하기

Movie 컴포넌트에 Link 컴포넌트를 임포트하고, Link 컴포넌트에 to props를 작성하면 돼. 이때 Link 컴포넌트의 위치에 주의해. 안 그러면 영화 카드 모양이 이상해질 거야.

수정하자 ./src/components/Movie.js

```
import React from 'react';
import PropTypes from 'prop-types';
import './Movie.css';
import { Link } from 'react-router-dom';

function Movie({ title, year, summary, poster, genres }) {
  return (
    <div className="movie">
      <Link
        to={{
          pathname: '/movie-detail',
          state: { year, title, summary, poster, genres },
        }}
      >
        <img src={poster} alt={title} title={title} />
        <div className="movie__data">
          <h3 className="movie__title">{title}</h3>
          <h5 className="movie__year">{year}</h5>
          <ul className="movie__genres">
            {genres.map((genre, index) => (
              <li key={index} className="genres__genre">
                {genre}
              </li>
            ))}
          </ul>
         <p className="movie__summary">{summary.slice(0, 180)}...</p>
        </div>
      </Link>   여기에서 Link 컴포넌트를 닫아야 해
    </div>
  );
}

Movie.propTypes = {
  year: PropTypes.number.isRequired,
  title: PropTypes.string.isRequired,
  summary: PropTypes.string.isRequired,
```

```
  poster: PropTypes.string.isRequired,
};

export default Movie;
```

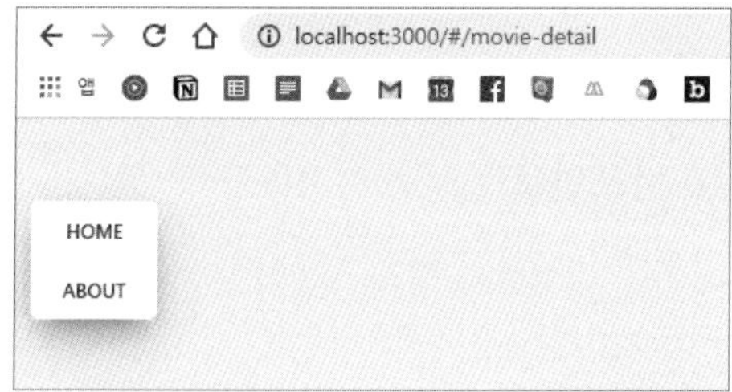

이제 영화 카드를 누르면 /movie-detail로 이동하게 될 거야. 그러면 /movie-detail로 이동했을 때 보여줄 화면이 필요하겠지?

액션 06 Detail 컴포넌트 만들기

Detail 컴포넌트를 routes 폴더에 추가하자. 그리고 Detail 컴포넌트에서 Movie 컴포넌트의 Link 컴포넌트가 보내준 영화 데이터(state: {year, title, summary, poster, genres })를 확인해 볼 수 있도록 console.log( )도 작성하자.

새로 만들자 ./src/routes/Detail.js

```
import React from 'react';

function Detail(props) {
  console.log(props);
  return <span>hello</span>;
}

export default Detail;
```

아직 Detail을 출력해 주는 Route 컴포넌트를 추가하지 않았으므로 console.log(props)의 실행은 확인할 수 없을 거야. App.js에서 Route 컴포넌트를 마저 추가해 주자.

액션 07 Route 컴포넌트 추가하기

App.js를 연 다음 Detail 컴포넌트를 임포트하고 Route 컴포넌트에서 Detail 컴포넌트를 그려주도록 코드를 작성하자.

수정하자 ./src/App.js

```
import React from 'react';
import './App.css';
import { HashRouter, Route } from 'react-router-dom';
import About from './routes/About';
import Home from './routes/Home';
import Navigation from './components/Navigation';
import Detail from './routes/Detail';

function App() {
  return (
    <HashRouter>
      <Navigation />
      <Route path="/" exact={true} component={Home} />
      <Route path="/about" component={About} />
      <Route path="/movie-detail" component={Detail} />
    </HashRouter>
```

```
  );
}

export default App;
```

액션 08 영화 카드를 눌러 /movie-detail로 이동한 다음 영화 데이터 확인하기

영화 카드를 눌러 /movie-detail로 이동해 보자. 화면을 보면 Detail 컴포넌트가 출력하고 있는 hello라는 문장이 보일 거야. 그리고 [Console] 탭을 보면 [location → state]에 Movie 컴포넌트에서 Link 컴포넌트를 통해 보내준 데이터가 들어 있을 거야. 직접 눈으로 확인해 보자.

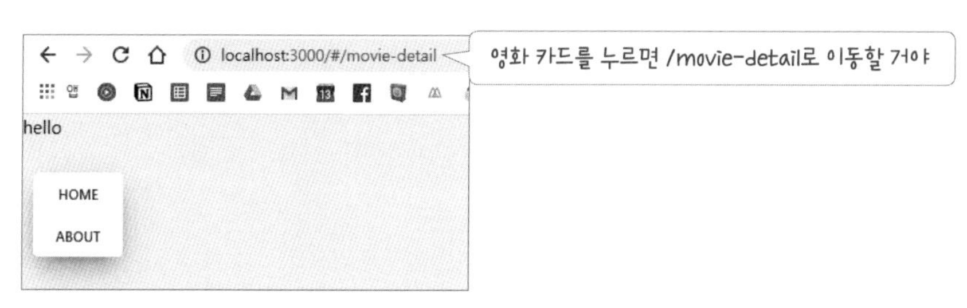

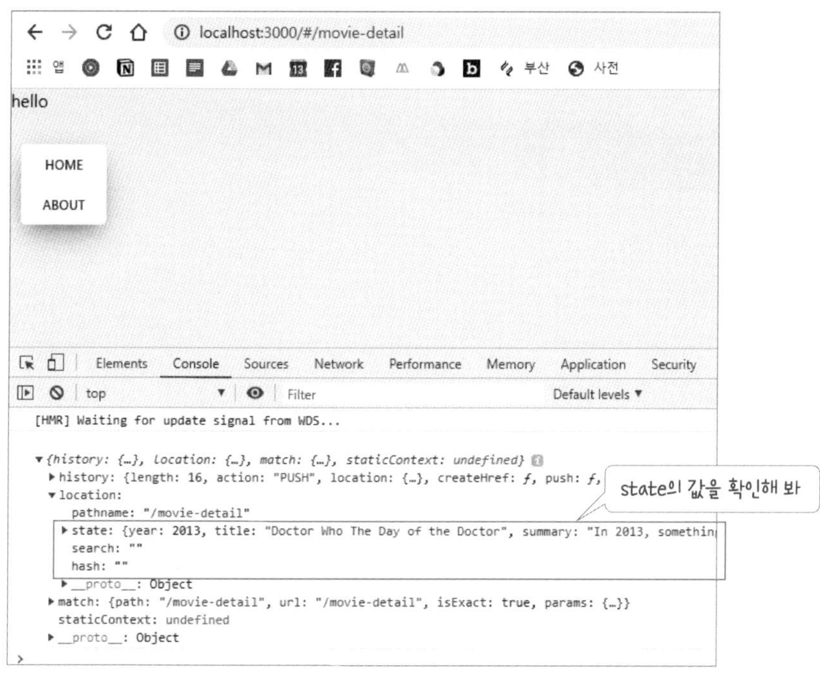

[location → state]의 내용이 보이지 않으면 localhost:3000으로 다시 이동한 다음 영화 카드를 눌러 /movie-detail로 이동해 보세요.

자! 이 내용을 Detail 컴포넌트에서 출력하기만 하면 돼.

그런데 영화 카드를 눌러서 이동하지 않아도 영화 데이터는 Detail 컴포넌트에 잘 넘어갈까? 다시 말해 /movie-detail을 주소창에 직접 입력해서 이동하면 어떻게 될까? 한번 확인해 보자.

액션 09 /movie-detail로 바로 이동하기

URL에 /movie-detail을 입력해서 바로 이동해 보자. 그런 다음 [Console] 탭에 영화 데이터가 있는지 확인해 보자.

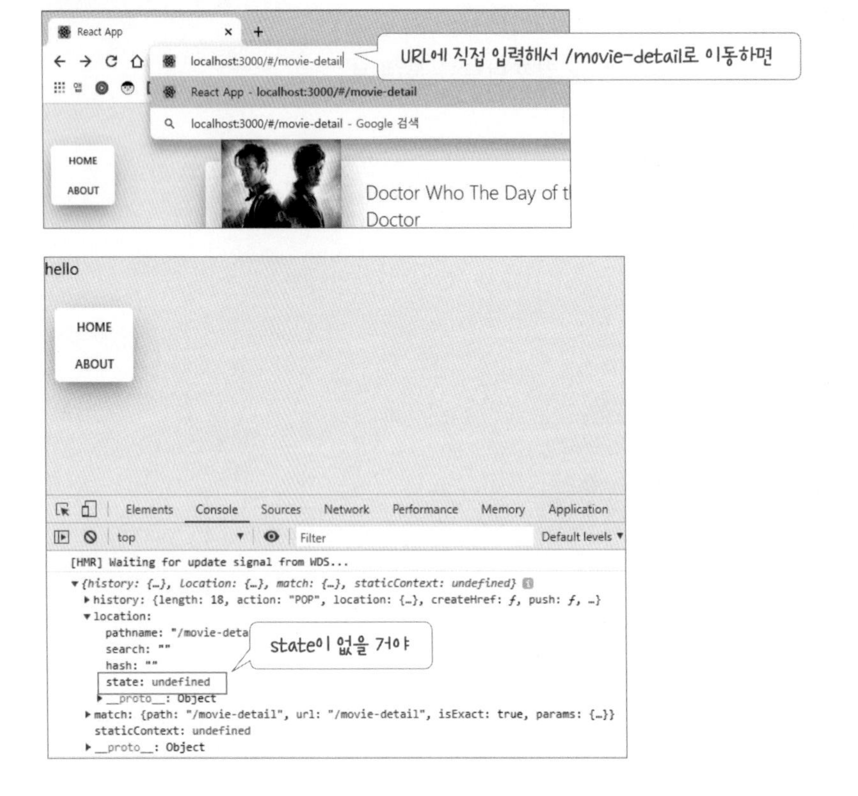

Detail 컴포넌트의 hello는 잘 출력하고 있지만 [Console] 탭에는 영화 데이터가 없어(state가 undefined). Detail 컴포넌트로 영화 데이터가 넘어오지 못한 거야. 이런 경우 사용자를 강제로 Home으로 돌려보내야 해(다시 영화 카드를 눌러서 이동할 수 있도록). 바로 그 기능을 리다이렉트 기능이라 불러. 07-5에서는 리다이렉트 기능을 추가하기 위해 Detail 컴포넌트를 수정할 거야.

08-5 리다이렉트 기능 만들어 보기

앞에서 설명했듯 리다이렉트 기능을 추가해 보자. 리다이렉트 기능을 위해서는 route props의 history 키를 활용해야 해. history 키는 언급한 적이 없으니 잘 모를 거야. history 키에는 push, go, goBack, goForward와 같은 키가 있는데 그 키에는 URL을 변경해 주는 함수들이 들어 있어. 리다이렉트 기능은 이 함수들을 이용해 만들어. 우선 history 키에 정말 그런 값들이 들어 있는지 살펴보자.

액션 01 history 키 살펴보기

주소창에 localhost:3000를 입력해서 이동한 다음 아무 영화 카드나 눌러 이동해. 그런 다음 [Console] 탭에서 [history]에 출력된 값을 펼쳐서 살펴보자.

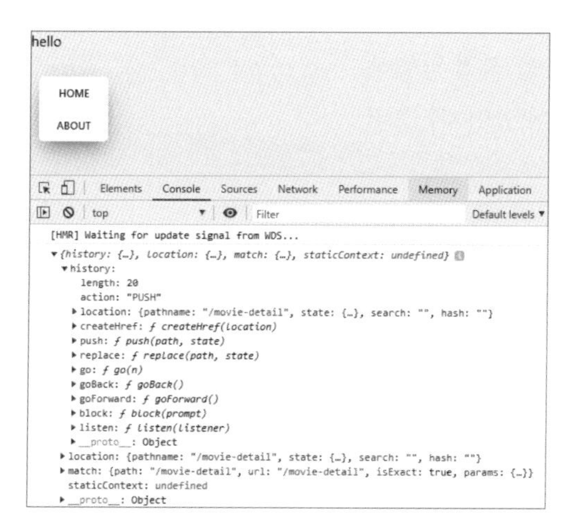

push, go, goBack, goForward 키가 보이지? 이게 다 URL을 변경해 주는 함수야. 이 중 지정한 URL로 보내주는 push( ) 함수를 사용해 보자. 그전에 Detail 컴포넌트를 클래스형 컴포넌트로 변경할 거야. 그래야 component DidMount( ) 생명주기 함수를 사용해 Detail 컴포넌트가 마운트될 때 push( ) 함수를 실행할 거거든.

액션 02 Detail 컴포넌트 클래스형 컴포넌트로 변경하기

Detail 컴포넌트를 함수형에서 클래스형 컴포넌트로 변경한 다음 location, history 키를 구조 분해 할당하자.

수정하자 ./src/routes/Detail.js

```
import React from 'react';

class Detail extends React.Component {
  componentDidMount() {
    const { location, history } = this.props;
  }

  render() {
    return <span>hello</span>;
  }
}

export default Detail;
```

여기까지 코드를 작성하고 다시 생각해 보자. 사용자가 URL을 직접 입력해서 /movie-detail로 이동하면 location 키의 state 키가 비어 있었지? 그런 경우에만 history 키의 push( ) 함수를 사용할 거야.

액션 03 push( ) 함수 사용하기

location.state가 undefined인 경우 history.push("/")를 실행하도록 코드를 작성하자.

수정하자 ./src/routes/Detail.js

```
import React from 'react';

class Detail extends React.Component {
  componentDidMount() {      // Detail 컴포넌트가 마운트되면
    const { location, history } = this.props;      // 구조 분해 할당으로 location, history를 얻고
```

```
    if (location.state === undefined) {     location.state가 없는 경우
      history.push('/');     Home으로 이동시킬 거야
    }
  }

  render() {
    return <span>hello</span>;
  }
}

export default Detail;
```

액션 04 리다이렉트 기능 확인해 보기

영화 앱을 실행한 다음 직접 주소를 입력해서 /movie-detail으로 이동해 보자. 그러면 다시 Home으로 돌아오게 될 거야.

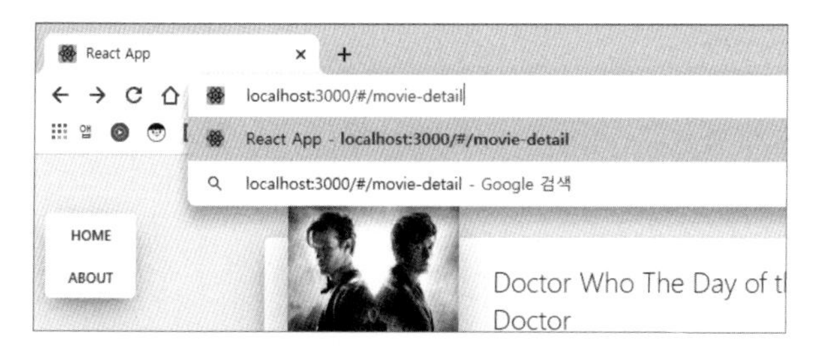

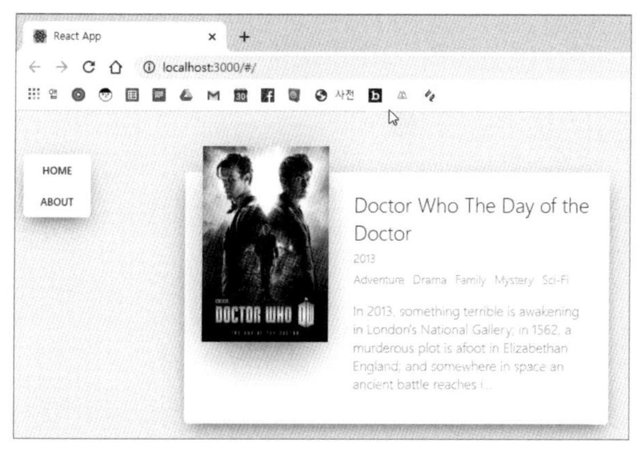

이제 영화 카드를 눌러 영화 상세 정보 페이지로 이동하지 않으면 다시 첫 화면으로 돌아갈 거야. 하지만 아직 영화 상세 정보 페이지로 이동하면 hello만 출력될 뿐이고 영화 상세 정보가 출력되지는 않는 상태야. 이제 영화 상세 정보 페이지를 만들어 보자.

액션 05 영화 제목 출력하기

우선 영화 제목부터 출력해 보자. Movie 컴포넌트로부터 전달받은 영화 데이터는 location.state에 들어 있었지? 이제 hello가 아닌 location.state.title을 출력해 보자.

수정하자 ./src/routes/Detail.js

```
import React from 'react';

class Detail extends React.Component {
  componentDidMount() {
    const { location, history } = this.props;
    if (location.state === undefined) {
      history.push('/');
    }
  }

  render() {
    const { location } = this.props;
    return <span>{location.state.title}</span>;
  }
}

export default Detail;
```

Doctor Who The Day of the Doctor

HOME

ABOUT

이제 첫 화면에서 영화 카드를 누르면 영화 제목이 나타날 거야.

액션 06 /movie-detail로 바로 이동하기

그런데 또 다시 /movie-detail로 바로 이동하면 오류가 발생해(새로 고침도 마찬가지야).

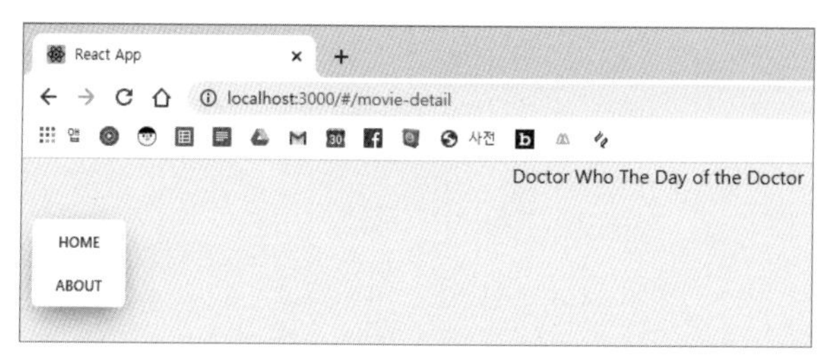

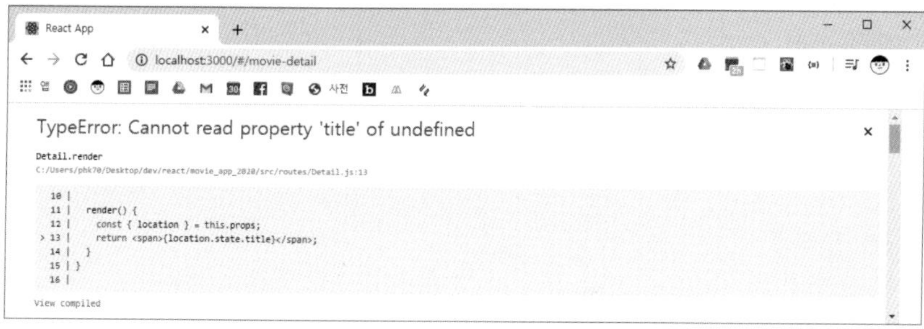

componentDidMount( ) 생명주기 함수에 작성한 리다이렉트 기능이 동작하지 않는 것 같네. 왜 그럴까? 바로 그 이유는 Detail 컴포넌트는 [render( ) → componentDidMount( )]의 순서로 함수를 실행하기 때문이야. render( ) 함수 내에서 location.state.title을 사용하려 하는데, loation.state가 아까와 마찬가지로 undefined이기 때문이지.

그러니까 render( ) 함수에도 componentDidMount( ) 생명주기 함수에 작성한 리다이렉트 코드를 추가해 주어야 해.

location.state 확인하기

location.state가 없으면 render( ) 함수가 null을 반환하도록 수정하자.

수정하자 ./src/routes/Detail.js

```
import React from 'react';

class Detail extends React.Component {
  componentDidMount() {
    const { location, history } = this.props;
    if (location.state === undefined) {
      history.push('/');
    }
  }

  render() {
    const { location } = this.props;
    if (location.state) {
      return <span>{location.state.title}</span>;
    } else {
      return null;
    }
  }
}

export default Detail;
```

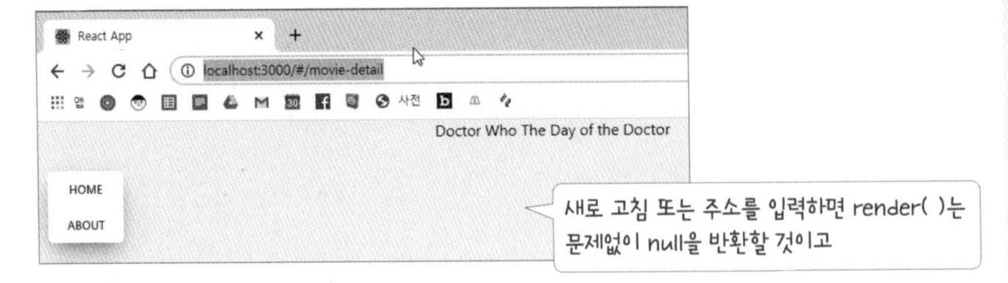

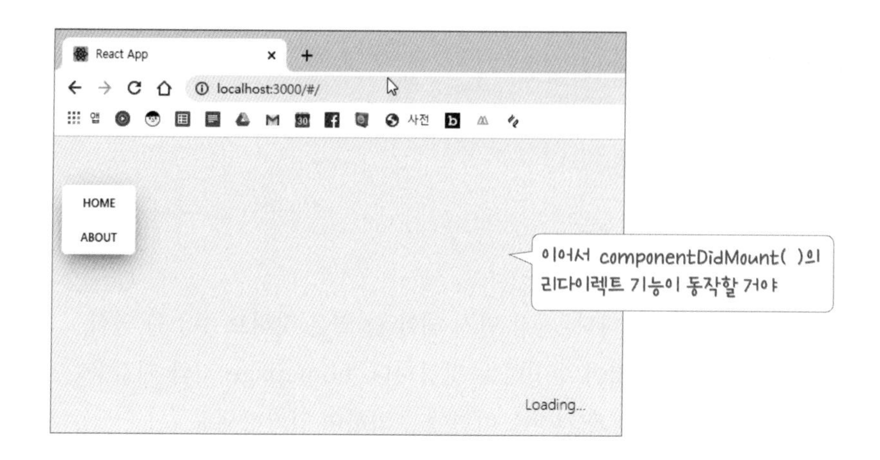

location.state가 없으면 render( ) 함수가 null을 반환하도록 만들어서 문제 없이 실행되도록 만든 거야. 그러면 이어서 componentDidMount( ) 생명주기 함수가 실행되면서 리다이렉트 기능이 동작할 거야. 영화 상세 페이지에 필요한 정보는 여러분이 직접 입력해 봐. 이제 영화 앱을 완성했어! 지금까지 클론 코딩을 진행하느라 정말 수고했어.

킴조교의 스페셜! 영화 앱 깃허브에 배포하기

액션 01 package.json 파일 수정하기

이제 영화 앱을 깃허브에 배포해 보겠습니다. 가장 먼저 해야 할 일은 깃허브 주소를 영화 앱이 인식할 수 있도록 package.json 파일을 열어 수정하는 것입니다. homepage 키와 키값을 browserslist 키 아래에 추가하세요. 깃허브 계정과 저장소 이름에 주의하여 입력하세요.

수정하자 ./package.json

```
{
  (생략...)
  "browserslist": {
      "production": [
      ">0.2%",
      "not dead",
       "not op_mini all"
      ],
      "development": [
      "last 1 chrome version",
      "last 1 firefox version",
      "last 1 safari version"
      ]
  },  ← 쉼표를 꼭 넣어야 한다는 것 잊지 마세요
  "homepage": "https://canine89.github.io/movie_app_2020"  ← 저장소 이름은 여기에 입력합니다
}
```

(계정 이름은 여기에: canine89)

액션 02

이어서 package.json 파일을 열어 scripts 키값으로 명령어를 추가하세요.

수정하자 ./package.json

```
{
  (생략...)
  "scripts": {
    "start": "react-scripts start",
    "build": "react-scripts build",
    "predeploy": "npm run build",
    "deploy": "gh-pages -d build"
  },
  (생략...)
}
```

쉼표 입력에 주의하세요

액션 03 최종 코드 깃허브에 업로드하기

02-1에서 영화 앱을 깃허브 저장소에 업로드했었습니다. 기억나지요? 같은 방법으로 최종 코드를 깃허브에 업로드하겠습니다. 아래의 명령어를 입력하여 최종 완성 코드를 깃허브 저장소에 업로드하세요.

액션 04 gh-pages 설치하기

최종 완성 코드를 깃허브에 업로드했습니다. 이제 배포 서비스를 이용해서 다른 사람들이 영화 앱을 사용할 수 있도록 해야 합니다. **이 책에서는 깃허브에서 제공하는 GitHub Pages 서비스(무료)로 영화 앱을 배포합니다.** 프로젝트 루트 폴더에서 다음 명령어를 입력하여 gh-pages를 설치하세요.

액션 05 깃허브 저장소 다시 확인하기

다음 명령어를 입력하면 여러분이 업로드한 깃허브 저장소의 주소를 확인할 수 있습니다. 저장소 주소에 있는 깃허브 계정 이름(Canine89)과 깃허브 저장소 이름(movie_app_2020)을 확인하세요. 이 이름들이 깃허브에 배포한 영화 앱 주소에 사용될 것입니다.

```
C:\_ 명령 프롬프트
> git remote -v
origin https://github.com/Canine89/movie_app_2020.git (fetch)
origin https://github.com/Canine89/movie_app_2020.git (push)
```

액션 06 영화 앱 깃허브에 배포하기

터미널에서 다음 명령어를 입력하여 영화 앱을 배포하세요.

```
C:\_ 명령 프롬프트
> npm run deploy
```

액션 07 Github Pages에 접속하여 영화 앱 확인하기

URL에 https://[깃허브 계정].github.io/[저장소 이름]을 입력해 보세요. 이 예에서는 아래와 같이 주소를 입력했습니다. 깃허브에 배포한 영화 앱을 확인해 보세요!

이 책을 통해 만든 영화 앱: https://canine89.github.io/movie_app_2020

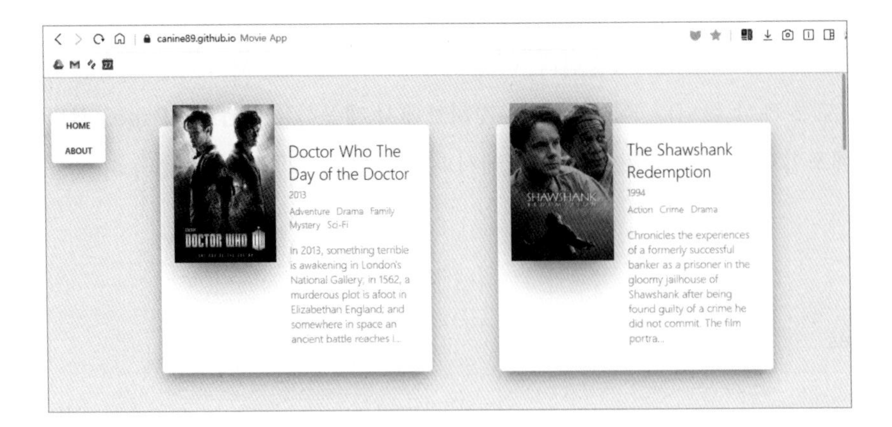

한글

영문

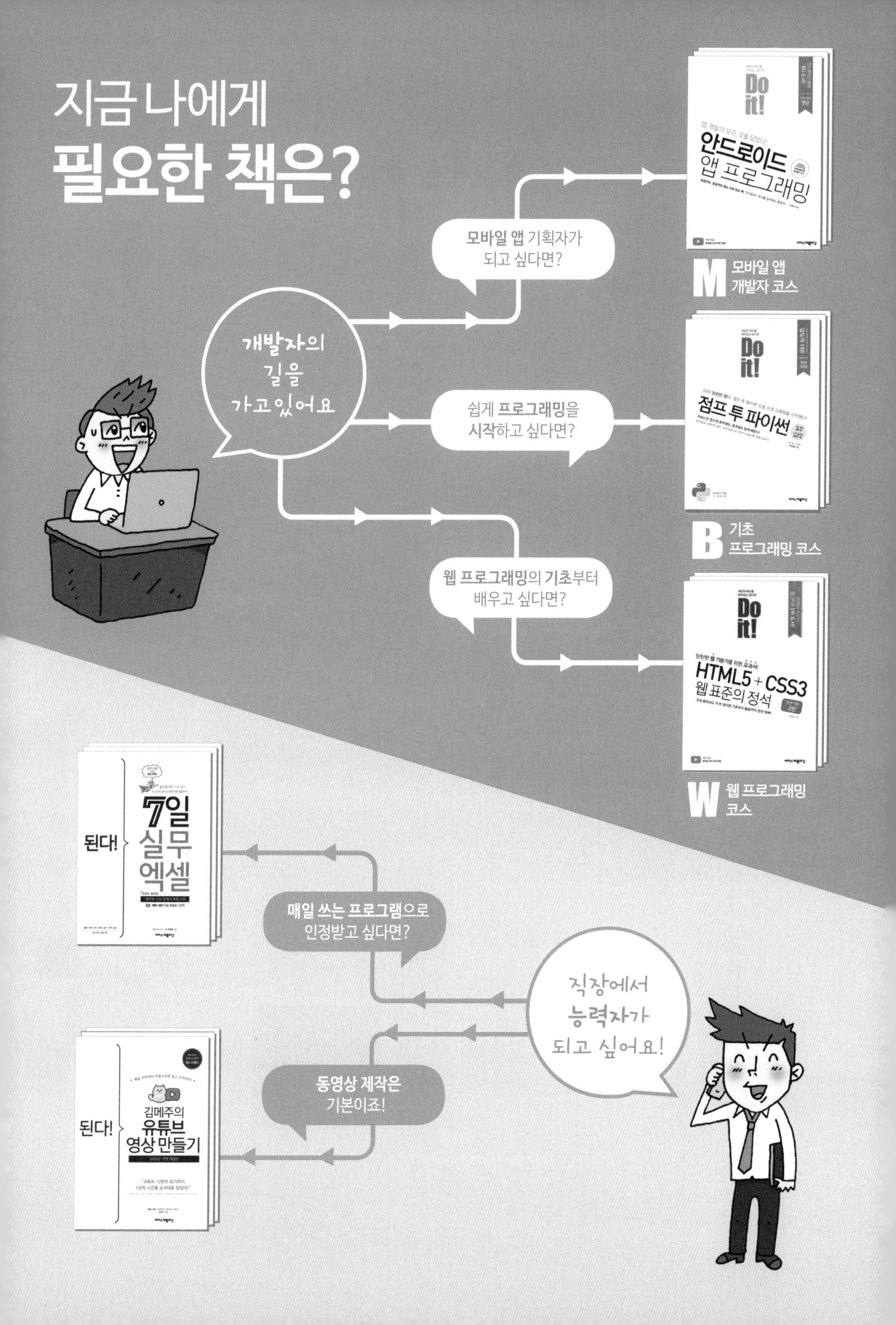

지금 나에게
필요한 책은?
개발자의 길을 가고있어요
모바일 앱 기획자가 되고 싶다면?
쉽게 프로그래밍을 시작하고 싶다면?
웹 프로그래밍의 기초부터 배우고 싶다면?
안드로이드 앱 프로그래밍
M 모바일 앱 개발자 코스
점프 투 파이썬
B 기초 프로그래밍 코스
HTML5 + CSS3 웹 표준의 정석
W 웹 프로그래밍 코스
직장에서 능력자가 되고 싶어요!
매일 쓰는 프로그램으로 인정받고 싶다면?
동영상 제작은 기본이죠!
된다! 7일 실무 엑셀
된다! 김메주의 유튜브 영상 만들기